Développer
son entreprise
de manière pérenne

Éditions d'Organisation
Groupe Eyrolles
61, bd Saint-Germain
75240 PARIS Cedex 05

www.editions-organisation.com
www.editions-eyrolles.com

Hugues Marchat

Développer
son entreprise
de manière pérenne

Compléments en ligne sur :
www.editions-organisation.com

EYROLLES

Éditions d'Organisation

Sommaire

Remerciements

Un grand merci à Pierre-Jean Torgue pour tous les échanges que nous avons eus pendant de longues heures sur les hommes et sur l'histoire – sa passion, durant ces quinze dernières années – pour la richesse de ses mises en perspective, pour la qualité de ses analyses, enfin pour sa belle préface !

Ce livre est dédié au grand-père de mes quatre filles qui a dirigé une grande entreprise avec tout le respect des valeurs humaines qu'il y avait à cette époque…

De la part de Jacques à Alizée, Océane, Johanna et Luna.

Préface

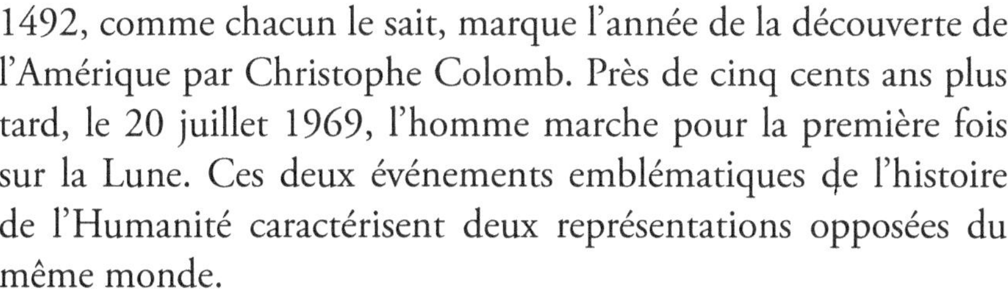

1492, comme chacun le sait, marque l'année de la découverte de l'Amérique par Christophe Colomb. Près de cinq cents ans plus tard, le 20 juillet 1969, l'homme marche pour la première fois sur la Lune. Ces deux événements emblématiques de l'histoire de l'Humanité caractérisent deux représentations opposées du même monde.

La découverte de l'Amérique mettait un terme à une conception d'un monde limité, enfermé dans un cadre spatial restreint et inaugurait la conquête du monde. Celui-ci devenait alors dans les esprits sans limites. Cette conquête de la Terre s'accompagnait d'une révolution intellectuelle : la Renaissance. Celle-ci préfigurait la modernité qui s'est ensuite construite au cours du temps pour engendrer la société industrielle. Cette société fondée sur un système socio-technique de production massifiée s'est inscrite dans une logique de croissance et une représentation d'un monde sans limites.

C'est au cours de cette période au XVe siècle que le mot « développement » apparaît dans notre langue. Puis il se répand au cours des XVIIe et XVIIIe siècles. Sa définition présente trois principales acceptions :

– Action de donner toute son étendue, se déployer dans l'espace, expansion.

- Action de se développer : croissance, épanouissement, succession d'événements par lesquels un organe, un organisme atteint sa maturité.
- Progrès, en extension ou en qualité, essor.

La construction au cours du temps des sens du mot « développement » traduit bien la représentation portée et mise en œuvre par la société.

Le 20 juillet 1969, les astronautes américains nous livraient un regard nouveau sur notre planète. La Terre devient une petite oasis fragile perdue dans l'immensité de l'Univers. Ces expéditions lunaires mettent aussi un terme provisoire à l'expansion de l'Homme. L'Humanité reprend progressivement conscience que le monde a des limites. Dans la même période, la croissance démographique est vertigineuse. L'exploitation des ressources croît de manière impressionnante. La production des déchets et la pollution posent des problèmes importants. On commence à parler de réchauffement climatique et à découvrir des trous dans la couche d'ozone, etc.

La convergence de tous ces éléments bouleverse nos représentations. L'Humanité commence à s'interroger sur sa conception du développement. Mais changer de modèle de société et de représentation de la notion de développement est évidemment un processus complexe. Ce qui s'est élaboré au fil des siècles demandera du temps pour changer.

Comment concilier progrès économique et social sans mettre en péril l'équilibre naturel de la planète ? Comment faire en sorte de léguer à nos enfants une Terre vivable et dotée de ressources ? Comment donner un minimum de richesses à ces millions d'hommes, de femmes et d'enfants encore démunis sans compromettre la gestion des ressources ? Le débat est essentiel et politique. À partir de la contradiction entre les idées de conservation et celles de changement s'élabore la notion de développement durable.

En 1987, Gro Harlem Brundtland, alors Premier ministre de la Norvège, définit le développement durable comme « *un développement qui répond aux besoins du présent sans compromettre la capacité des générations futures à répondre aux leurs* ». Cette nouvelle conception des modes de production et de consommation vise à respecter l'environnement humain ou naturel et à permettre à chaque être humain, aujourd'hui et demain, de satisfaire ses besoins fondamentaux, cela dans un environnement sain.

Comme l'a rappelé Jacques Chirac, alors président de la République, lors du sommet mondial de Johannesburg en septembre 2002, le développement durable appelle un changement de comportement de chacun (citoyens, entreprises, collectivités territoriales, gouvernements, institutions internationales) face aux menaces qui pèsent sur les hommes et la planète (inégalités sociales, risques industriels et sanitaires, changements climatiques, perte de biodiversité, etc.).

Le développement durable n'est pas l'addition des composantes économiques, sociales, culturelles et écologiques. C'est l'intégration stratégique et transversale des différents éléments qui apporte des réponses complémentaires les unes aux autres.

Bien évidemment, ce modèle est naissant et doit s'affirmer concrètement. Il se construit progressivement d'une manière non linéaire au quotidien dans la société. Les consommateurs, les entreprises, l'État, bref les acteurs du système, modifient au fil du temps leur comportement.

Pour les entreprises, engager une démarche de développement passe d'abord par la question du sens du projet stratégique, mais aussi par la prise en compte de son environnement économique, social, politique, réglementaire, etc.

Si l'entreprise s'inscrit dans un projet de développement durable, c'est qu'elle recherche une performance non seulement financière, mais aussi sociale et environnementale : c'est ce qu'on appelle la

Responsabilité Sociale de l'Entreprise (RSE). Adopter une telle démarche de développement est une stratégie qui vise à rester compétitif. C'est un élément de différenciation vis-à-vis de la concurrence et du marché. C'est finalement une question d'anticipation des changements et d'adaptation de la stratégie qui doit être abordée sans préjuger avec pragmatisme et méthode. L'ouvrage écrit par Hugues Marchat s'inscrit dans cette perspective.

Pierre-Jean Torgue,
secrétaire général de la Chambre de Métiers
et de l'Artisanat de Loire-Atlantique

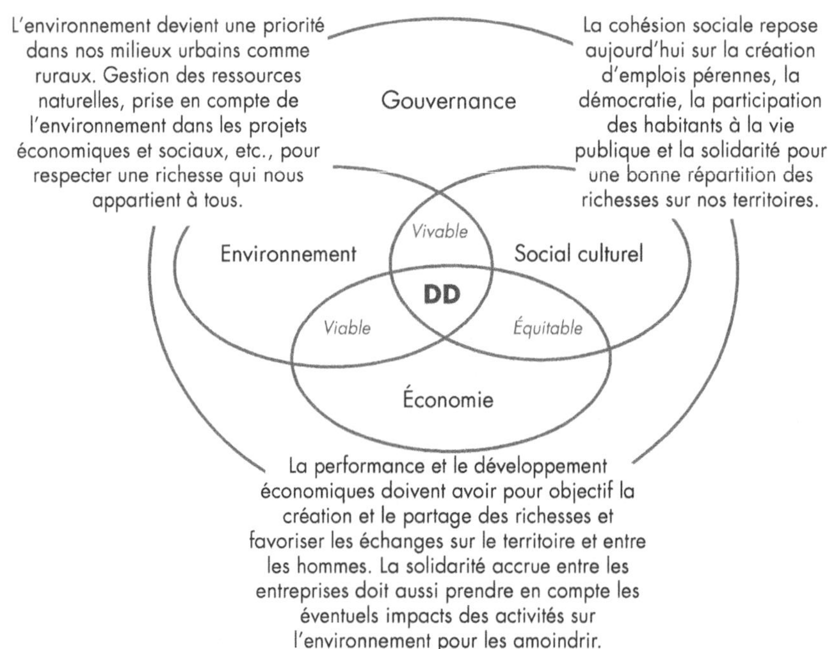

Avant-propos

Commençons par relater quelques situations vécues…

Voici le patron d'une PME performante et rentable, et son épouse, elle aussi à la tête de la même entreprise. Alors qu'ils dressent avec leurs managers le bilan d'une formation au management à laquelle ils ont participé, elle fait tomber son verre et le casse. Lui, très sérieux, se tourne vers ses managers : « *À chaque fois que ma femme casse un verre, il se passe quelque chose d'important dans l'entreprise…* »

Je ne dis rien et pars consulter ma voyante préférée…

Le directeur d'une unité de plus de cent personnes organise une réunion pour dresser le bilan de projets stratégiques avec ses managers. Avant la réunion, il me confie : « *Regarde bien, je trouve qu'ils ne sont pas impliqués dans ce qu'ils font. Dis-moi ce que tu en penses après la réunion…* » Au bout de trois heures d'échanges, les bilans étant positifs, les managers se tournent vers leur directeur, en quête d'un commentaire. Mais ce dernier sort sans rien leur dire. Il vient de passer trois heures à consulter son BlackBerry et à répondre à ses e-mails…

Je lui dis ce que je pense de ses méthodes de management… Je ne travaillerai plus jamais avec lui !

Ce grand patron d'une multinationale a préparé une grand-messe sur le projet d'entreprise pour les trois prochaines années. Il a construit un magnifique diaporama aidé de consultants en stratégie de « haut niveau ». La séance démarre, pour durer une heure environ. Or, il passe plus d'une demi-heure à exhorter les troupes à l'action… tout en leur tournant le dos. Puis il lit mot à mot le reste de ses transparents, le nez dans ses notes…

Je me demande de quelle planète il vient…

Voici le patron d'une dizaine de PME et de TPE, aux activités très variées. Presque sans aucun associé, il aime tout posséder. Il a tout construit à force de travail, à partir de rien. Il vit de manière très simple, même s'il est à la tête d'un petit empire. Il emploie des membres de sa famille depuis longtemps… Son bureau est un capharnaüm, le mobilier est vétuste et modeste. Ses employés sont en poste depuis très longtemps. C'est quasiment un sacerdoce pour lui de maintenir ces emplois, même si certaines des activités ne sont plus rentables depuis longtemps. Il aide ses amis qui veulent se lancer dans les affaires… Est-il un manager d'aujourd'hui ? Durable ? Certainement, mais équitable ? Pour les autres, c'est sûr, mais pour lui ? Va savoir…

Je me demande où se cachent ses réels moteurs…

Inutile d'ajouter d'autres exemples, multipliables à l'infini. Ceux relatés ici sont simples à décrypter… Nous allons parler de stratégie, mais surtout de la démarche pour mener une réflexion systémique, prenant en compte tous les aspects de l'entreprise, dont évidemment les côtés humains… Tout le monde s'accorde à dire que c'est essentiel. Pourtant, ceux qui dirigent oublient cette donnée, tellement ils sont obnubilés par les « rutilants » tableaux de bord financiers de pilotage… Comment peut-on être durable si l'on n'est pas tout simplement humain ?

chapitre 1

Les notions clés

concepts

principes

Les bases de ce livre

Cet ouvrage pratique est destiné à tous ceux qui ont une activité à développer, par exemple si vous êtes associé, membre d'un conseil d'administration, dirigeant de PME, consultant indépendant, responsable d'un centre de profit, manager d'une unité, directeur commercial, directeur marketing, patron de TPE, etc.

Au-delà des aspects juridiques de constitution et d'évolution de la structure permettant de supporter le développement, il existe un certain nombre de paramètres, tous reliés entre eux, à prendre en compte dans le développement. Ces paramètres sont autant de leviers pour atteindre au mieux les objectifs.

Pourtant, le problème de développement n'est pas abordé ainsi, car la sensibilité ou la formation de chacun l'oriente sur un ou deux aspects seulement :

- Si vous en parlez avec votre expert-comptable, il évoquera la finance.
- Si vous en parlez avec l'ingénieur expert, il vous parlera de technique produit ou service.
- Si vous en parlez avec votre commercial, il vous parlera de clients et de chiffre d'affaires.
- Si vous en parlez avec votre conseiller juridique, il vous parlera de structure juridique…

Le développement doit s'aborder de manière « systémique ». Une entreprise est un système complexe composé d'un certain nombre de sur et sous-systèmes, par exemple, l'environnement économique, la concurrence, la famille du dirigeant, les associés, les collaborateurs, les produits et services, l'organisation de l'entreprise, les fournisseurs, la banque, etc.

Tous ces systèmes sont imbriqués et reliés entre eux, ce qui fait la complexité de la définition de la stratégie d'une entreprise.

Cependant, c'est bien de cela qu'il s'agit lorsque l'on construit un plan de développement durable.

Il ne sera pas aisé d'aborder de manière exhaustive tous les systèmes gravitant autour ou dans l'entreprise, mais il est possible d'avoir une vue systémique des choses, en étudiant le problème de manière méthodique et ordonnée.

Les cinq composantes du développement

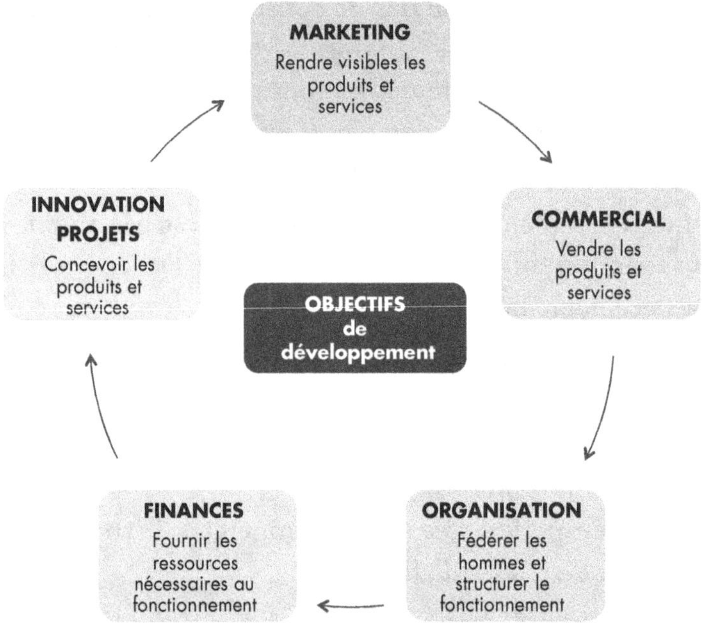

Avec des mots simples, nous allons essayer d'expliquer ce qu'il faut savoir pour développer son activité. Atteindre des objectifs de développement suppose de :

- Avoir construit une **organisation** performante, c'est-à-dire un assemblage cohérent entre des aspects structurels (organigramme, processus, ressources matérielles, compétences) et humains (mode de management, système relationnel, système de motivation).
- Avoir pensé **marketing**, c'est-à-dire avoir défini correctement

les produits et services de l'entreprise, afin de les rendre « lisibles » et les mettre en adéquation avec les besoins des clients, ce que l'on appelle le marché.

– Avoir réfléchi aux **finances** de l'entreprise, c'est-à-dire avoir mis en place un plan de financement à court, moyen et long termes pour assumer les projets de développement et le fonctionnement courant de l'entreprise.

– Avoir pensé **commercial**, c'est-à-dire déployer un système qui permette la diffusion et la vente des produits et services auprès des cibles déterminées par le marketing.

– Avoir une logique **innovation-projets**, c'est-à-dire opter pour un système qui permette de faire évoluer les produits et services existants ou concevoir des nouveaux produits ou services.

Alors, manager ou chef d'entreprise = super-héros ?

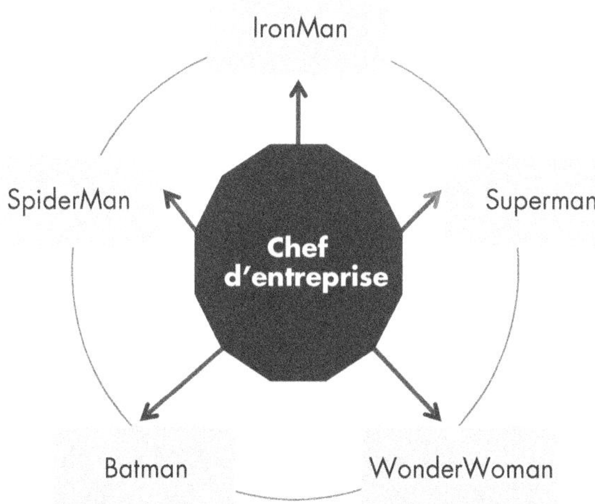

Les qualificatifs à donner au responsable d'une activité, ou au chef d'entreprise, pour s'y retrouver dans cette complexité, restent une inconnue. Cela demande du recul, une faculté d'analyse de domaines très étendus et différents, mais surtout une « expérience de vie ». Or, cela ne s'apprend pas à l'école… Nos super-héros vont devoir porter l'entreprise, accompagner les acteurs, rester moteurs, mettre en perspective, et surtout tenir la distance… pour être durables eux aussi.

Nous allons ici parler de tous les aspects de l'entreprise, essayer de comprendre comment ils sont tous liés entre eux et surtout comment déployer une stratégie de développement durable de son activité.

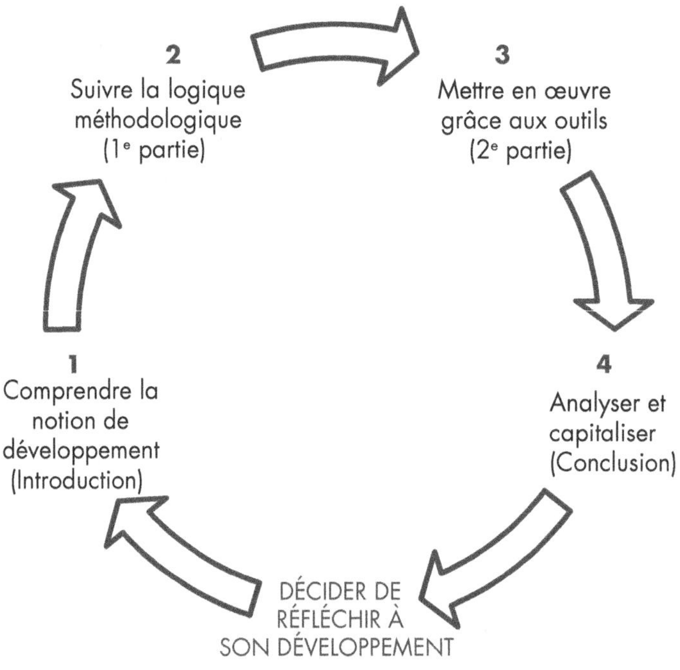

Ce livre propose donc d'expliquer des notions clés (développement, projet d'entreprise, plan tactique annuel, logique méthodologique, enfin les raisons des développements ratés). Le chapitre suivant explique le déroulement méthodologique adopté. Les deux chapitres suivants présentent le cœur de notre propos : d'abord une méthodologie version rapide, puis une version longue et plus détaillée. Enfin, le dernier chapitre rappelle les principes à retenir et donne notamment des conseils pour la gestion du dossier de développement et l'accompagnement lors du projet.

Riche en schémas, cet ouvrage est jalonné de cinq types de pictogramme dans les deux chapitres consacrés à la méthode :

 Cette icône indique quel public est ciblé.

 Celle-ci précise les actions à mener pour chaque étape de la méthode.

 Celle-ci indique le temps à consacrer à chaque étape.

 Celle-ci indique les outils à consulter.

 Enfin, cette icône donne des conseils et des idées pour aborder efficacement chaque action proposée.

La notion de développement

Lorsque je rencontre un chef d'entreprise ou un manager responsable d'un centre de profit, ce dernier évoque irrémédiablement le développement de son activité. Et lorsque l'on creuse un peu le sujet, on distingue deux indicateurs :

- développement de son chiffre d'affaires ;
- amélioration de la marge brute et nette.

Viennent ensuite des discours politiquement corrects sur le développement :

- Nous développer dans le cadre d'une politique salariale équilibrée…
- Nous développer pour offrir à nos clients un service adapté à leurs besoins…

- Nous développer afin de rester un acteur incontournable dans le domaine de…
- Nous développer en respectant la planète…

Ce « discours » est aussi adopté par les services publics, à qui l'on demande une gestion équilibrée, voir rentable. Nos « chers » services publics, coincés « le cul entre deux chaises », sont donc déchirés entre le service qu'ils doivent rendre et l'équilibre des comptes à présenter. Or, nous prenons le problème à l'envers : nous communiquons mal, nous mobilisons mal « nos troupes » pour atteindre les objectifs. Tout simplement, parce que ces objectifs ne sont pas clairs. Nous raisonnons en termes de moyens, en oubliant les finalités !

Quelles étapes pour développer ?

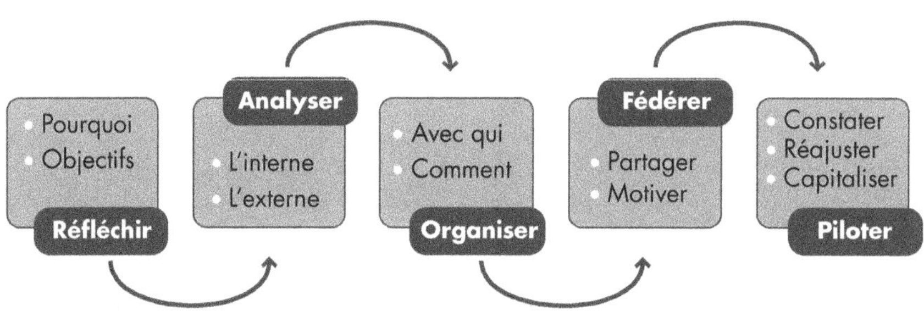

Développer n'est pas une fin en soi ! C'est un moyen pour atteindre des objectifs. Ceux-ci doivent être clairs au début de l'histoire de l'entreprise. Et même s'ils vont être modifiés peu à peu et évoluer avec le temps, leur clarté reste une nécessité. Alors non ! Développer ne signifie pas nécessairement accroître le chiffre d'affaires ou la marge. Les théories selon lesquelles une bonne entreprise présente une croissance à deux chiffres chaque année ont été montées de toutes pièces par des financiers qui pilotent l'entreprise avec des tableaux de bord ne donnant qu'une vision partielle de la réalité… Ces méthodes finiront par tuer la poule aux œufs d'or… Après eux, le déluge !

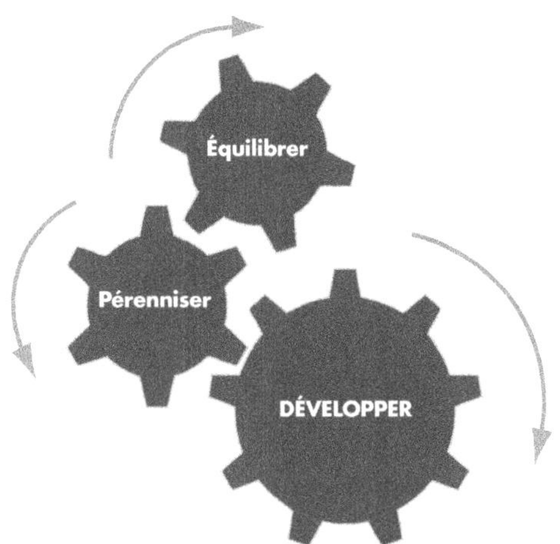

Développer pourrait signifier pérenniser l'entreprise, réorganiser pour améliorer la performance globale, faire évoluer les produits ou services, améliorer les conditions de travail, améliorer la marge, mettre en place un système d'innovation, évoluer vers d'autres marchés, se recentrer sur le métier, bâtir une entreprise durable… et équitable…

Ne pourrions-nous pas enfin construire des entreprises durables ? Revenir à des cycles de vie de produits plus longs ? Fidéliser les collaborateurs plutôt que de gérer le turnover ? Recentrer les activités vers nos métiers ? Redevenir des actionnaires raisonnables dans l'attente des dividendes ? Retrouver la synchronisation entre nos rythmes biologiques et nos façons de travailler ?

La crise économique de 2009 et 2010, ainsi que ses conséquences à moyen et à long termes, démontrent à quel point le monde est en décalage avec les discours écologiques. Et si le développement de l'entreprise devenait « écologique » ? La nature nous apprend beaucoup de choses. Son rythme d'évolution lent rappelle qu'on ne peut accélérer les choses sans courir de danger. Ou il faut en accepter les risques en pleine conscience. Oui, on peut doubler son chiffre d'affaires en cinq ans, c'est possible techniquement. Cependant, les risques encourus par les collaborateurs et les dirigeants de l'entreprise sont énormes.

L'entreprise écologique, elle, assure son développement en le pilotant et en respectant à la fois les rythmes biologiques des hommes et des femmes qui la composent ainsi que les rythmes de croissance et les cycles de vie des produits, tout en assumant pleinement les risques.

Améliorer son comportement de client

Lorsque je me rends au supermarché, je ne suis pas content si je n'ai pas le choix entre trente yaourts différents ; si je vais chez mon concessionnaire automobile, je veux pouvoir choisir entre le break, la citadine, le 4×4, la micro-citadine, le cross-over, le minispace ou le monospace ; si je rends visite à mon banquier, je souhaite qu'il m'offre de multiples possibilités de placement adaptés au millimètre près à ma situation familiale et financière, etc.

Ce comportement a induit chez les entreprises une obligation à créer, mais aussi à renouveler sans cesse ses produits ou services. Le cycle de vie de ces derniers a aussi dû être réduit afin d'assurer une présence sur le marché avant la concurrence. En 1990, il fallait cinq ans pour concevoir et industrialiser une automobile. Aujourd'hui, c'est possible en deux ans ! Et comme en plus, on peut acheter à l'autre bout du monde sur Internet, chacun exige le meilleur prix… Les comparateurs en ligne indiquent le meilleur tarif à tout moment.

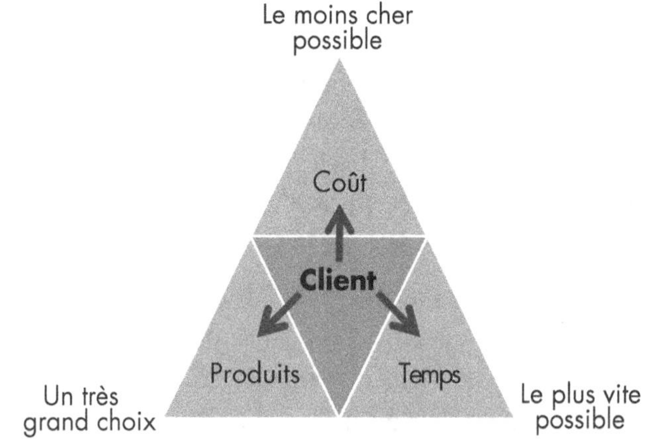

Quelle folie ! Ces comportements, cette accélération vont non seulement faire exploser la planète, mais aussi nos fragiles organismes… La multiplication des suicides, le mal-être au travail, la pression du résultat, nos managers technocrates et financiers en témoignent.

Aujourd'hui, j'ai décidé d'aller faire mes courses chez Ed, d'acheter une Dacia, de cultiver mon jardin et de pêcher mon poisson. Je n'ai qu'un seul souhait : devenir un client plus stable, moins consommateur, plus fidèle, plus heureux… Alors, comme par miracle, nos entreprises deviendront plus humaines, car c'est moi, « le client », qui aura finalement le dernier mot !

Apprendre des petites entreprises

Les petites entreprises semblent finalement beaucoup plus durables, plus écologiques et plus intelligentes dans leur développement et fonctionnement que les plus grosses, pour des raisons assez simples finalement :

- Elles sont à « taille humaine ».
- Les effets des actions sont quasi immédiats.
- Le turnover est généralement moins important.
- La mesure des actions et de leurs effets est facile à mener.
- Les actionnaires sont impliqués dans l'action.
- Les niveaux hiérarchiques sont réduits.
- La langue de bois est moins présente.
- La nécessité de survie rend les collaborateurs plus pragmatiques.
- Le côté « politiquement correct » est moins présent.

Alors, « *small is beautiful* » ? Il faudrait que les médias donnent la parole à tous ces petits entrepreneurs (au sens vrai du terme) afin de s'inspirer de leur énergie, de leurs idées, de leur charisme, de leur leadership naturel… Ces petites structures portent l'innovation et l'avenir de la France. Laissons enfin la parole à ces vrais développeurs… Laurence Parisot, la patronne des patrons, a dit fin 2009 sur France 3 qu'il fallait que les grandes entreprises appliquent les modèles sociaux des petites entreprises. Cette intervention fait grand plaisir, car elle annonce peut-être une amorce du changement et des évolutions.

La notion de projet d'entreprise

Le « projet d'entreprise » est la traduction opérationnelle de ce que l'entreprise se propose de mettre en œuvre pour réaliser au mieux la mission qui lui est confiée (service public) ou pour atteindre les objectifs généraux fixés par les actionnaires (entreprise privée) et négociés par celui qui va les porter, le chef d'entreprise.

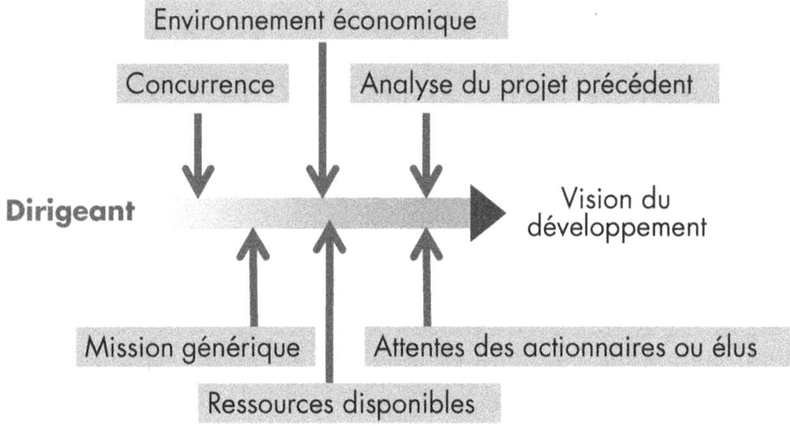

Avant d'écrire le projet d'entreprise, il est nécessaire de poser un certain nombre de préalables qui se traduisent par des actions permettant ensuite de rédiger la vision.

L'étape d'élaboration de la vision

La vision est la traduction « promotionnelle » des objectifs à atteindre… Cependant, si l'objectif principal consiste à « augmenter le chiffre d'affaires de 20 % », aucun collaborateur en bout de chaîne ne pourra se sentir mobilisé, car il ne comprendra pas le pourquoi ni le comment… La vision est souvent directement liée à la capacité du chef d'entreprise à se transformer en leader, idéalement défini comme « celui capable de mobiliser ses troupes autour d'une idée ».

Mais avant d'arriver à la vision, le chef d'entreprise doit analyser un certain nombre de paramètres :

- L'analyse de la **mission** : la mission de l'entreprise est-elle claire ? Quelles sont les évolutions de la mission lors du dernier projet d'entreprise ? La mission doit-elle être réécrite ?
- L'analyse du **précédent projet d'entreprise** : comment s'est-il passé ? Les objectifs ont-ils été atteints ? Pourquoi ? Quelles sont les actions à reproduire et celles à éviter ?
- La prise en compte de l'**environnement économique** : l'environnement est-il favorable à l'investissement ? La situation est-elle propice à l'innovation ? Quel est le contexte global économique ? Quel est le contexte particulier lié au type d'activités de l'entreprise ?
- L'analyse de la **concurrence** : qui sont les concurrents actuels ? Comment s'en sortent-ils ? Quelles sont les différences avec notre entreprise ? Quel est leur chiffre d'affaires ? Quelle est leur organisation ? Sont-ils vraiment nos concurrents ?
- La prise en compte des **attentes des actionnaires** (ou des élus) : quelles sont leurs attentes financières à court, moyen et long termes ? Quel est leur niveau d'implication dans la direction de l'entreprise ? Quels sont leurs critères d'évaluation de la réussite de l'entreprise ?
- Les **ressources disponibles** : l'entreprise est-elle prête à

libérer des ressources humaines pour assurer son développement ? A-t-elle des ressources financières pour financer ses projets ? Peut-elle compter sur des partenariats pour financer ou prêter des ressources ?

Cette analyse rapide des différents éléments de l'environnement de la société permet au chef d'entreprise de rédiger une ou plusieurs versions de la vision. Celle-ci se matérialise généralement par une phase courte, facile à comprendre, surtout mobilisatrice pour les collaborateurs. C'est finalement l'étape la plus difficile à réaliser… Et la plus rapide si le chef d'entreprise est clair avec lui-même dès le départ.

De la vision au diagnostic

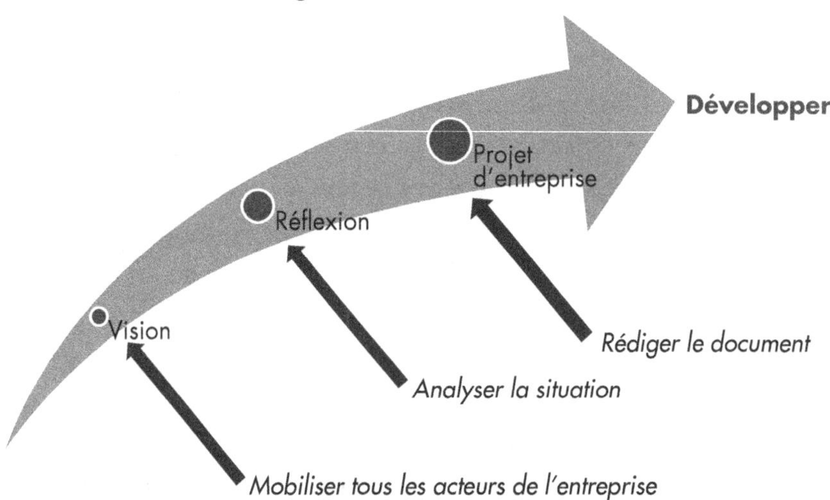

À partir de la vision et des objectifs qui en découlent, le chef d'entreprise et ses collaborateurs les plus proches (ce peut être le comité de direction) doivent analyser un certain nombre de paramètres :

* produits et services ;
* clients ;
* modes de commercialisation ;
* concurrence ;

- finances ;
- organisation.

Tous ces éléments seront mis en perspective par rapport aux objectifs, afin d'élaborer le diagnostic, composé des éléments pouvant empêcher l'entreprise d'atteindre les objectifs liés à la vision.

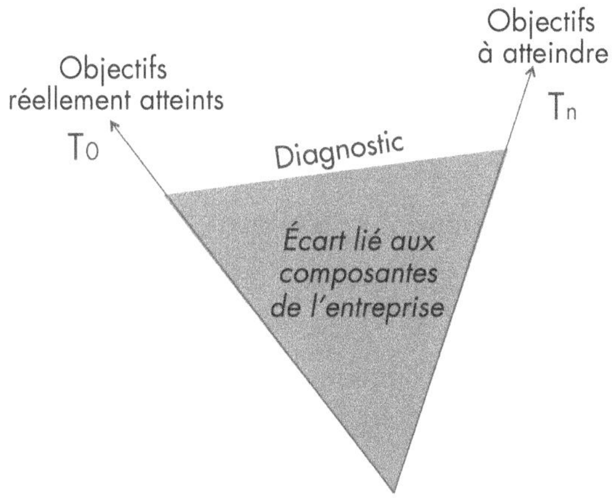

Le diagnostic pourrait être explicité ainsi :
- Quelles sont les « maladies » qui pourraient empêcher l'entreprise d'atteindre ses objectifs ?
- Quelles améliorations pourraient être apportées pour atteindre ces objectifs ?
- Quel plan d'améliorations faut-il déployer pour atteindre ces objectifs ?

La qualité du diagnostic influe sur celle du projet d'entreprise. Après la vision, le diagnostic est donc le deuxième point délicat de la démarche globale.

L'intervention – discrète – d'un consultant pour accompagner la rédaction de la vision et pour rédiger le diagnostic semble essentielle. Elle permet en effet de prendre le recul nécessaire pour aller plus loin, mais aussi pour poser les questions qui « fâchent » ou que l'on n'a pas nécessairement envie d'aborder.

Pourquoi l'appellation « projet d'entreprise » ?

Le projet d'entreprise se traduit par un document de quelques pages (dix à vingt) qui contient :

- l'expression de la vision par le chef d'entreprise ;
- la déclinaison de la vision en objectifs généraux ;
- le diagnostic (seule partie optionnelle si le contenu doit rester confidentiel) ;
- le plan d'actions global sur la durée du projet d'entreprise ;
- la liste des projets à mener ;
- les fiches projet détaillant chaque projet.

Le projet d'entreprise peut prendre des appellations diverses selon les secteurs d'activités : plan stratégique, projet politique, projet d'établissement, schéma directeur ou *business plan*. Chacun de ces intitulés peut poser un problème à la fois de compréhension mais aussi de contenu.

Le **plan stratégique** induit que l'on sait définir une stratégie, celle-ci pouvant toutefois s'avérer incompréhensible tant elle est « fumeuse », parce qu'élaborée par de « savants stratèges ». Dans ce cas, qu'en est-il de la mobilisation des collaborateurs, qui est l'une des conditions de réussite de la stratégie ?

Le **projet politique** oblige souvent à rester « politiquement correct », c'est-à-dire à respecter les échéances électorales parfois incompatibles avec les besoins ou la réalité de l'entreprise. Ce type de pratique conduit à élaborer des projets irréalistes et démobilisateurs pour les acteurs, tant ils sont en décalage avec la réalité.

Le **projet d'établissement** est trop réducteur. Si le mot « établissement » rend parfois les choses concrètes (ce peut être un bâtiment), il véhicule cependant un aspect administratif traduisant la nécessité du respect des procédures. Or, cela peut constituer un frein à l'innovation

Le **schéma directeur** comporte lui aussi une connotation

administrative, qui laisse à penser qu'une seule direction existe pour atteindre l'objectif fixé.

Le **business plan** induit une logique financière qui peut elle aussi être parfaitement réductrice par rapport à toutes les composantes sur lesquelles on peut agir.

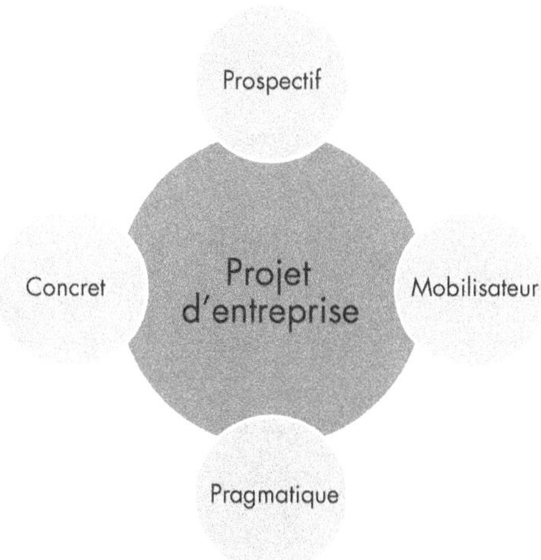

Derrière la notion de projet d'entreprise se cache un élément incontournable : le projet de toute l'entreprise. Décortiquons cette expression.

Un **projet** désigne un objet prospectif concret, construit autour d'objectifs, qui subit un certain nombre de contraintes, d'aléas, de risques, d'erreurs d'estimation, mais aussi des changements décidés. « **De toute l'entreprise** » implique une logique entrepreneuriale, qui associe des personnes d'accord pour mobiliser leur énergie dans une direction commune. L'entreprise, c'est aussi un ensemble complexe de paramètres qui fonctionnent comme un système.

Ce que contient le document

Le document « projet d'entreprise » contient à la fois des éléments de synthèse et de détail.

Les premiers sont :

- la vision de la direction générale ;
- la déclinaison de cette vision en objectifs généraux ;
- les plans d'actions.

Les éléments de détail sont :

- la liste des projets à mener au sein des plans d'actions ;
- les fiches projets ;
- le planning consolidé de tous les projets du plan.

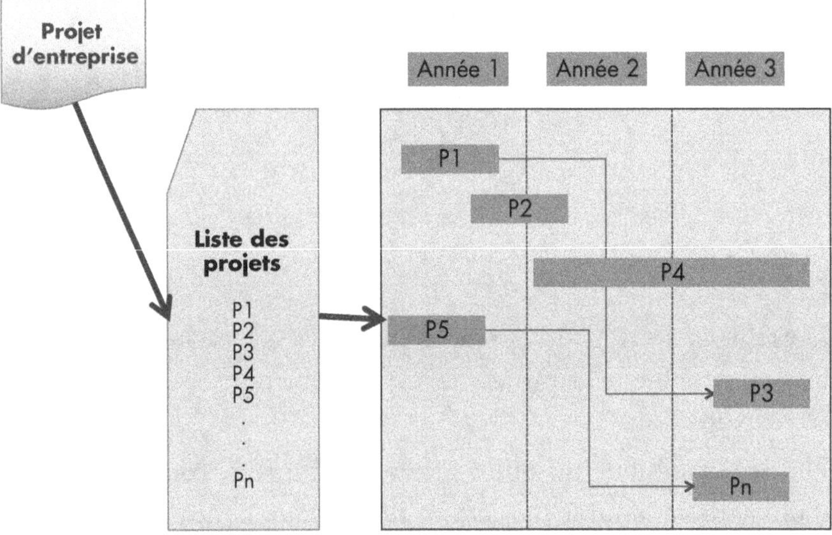

La vision consolidée des projets du plan permet d'élaborer l'un des tableaux de bord opérationnel servant à piloter les changements à venir au cours du plan. En outre, cela permet d'expliquer aux collaborateurs les impacts des éventuels retards constatés sur certains projets sur les autres projets et donc sur la mise en œuvre du plan.

La notion de plan tactique annuel

Le projet d'entreprise est construit pour trois à cinq ans. C'est donc une projection sous-tendue par la difficulté de prévoir des éléments opérationnels sur une durée aussi longue, ainsi que toutes les incertitudes liées à l'environnement. Il faut donc trouver le moyen de décliner d'année en année le projet d'entreprise afin de :

- être assez proche dans le temps pour être concret ;
- faire des bilans intermédiaires ;
- appliquer des réajustements tout au long du projet global ;
- remobiliser périodiquement les acteurs.

Le plan tactique est donc une déclinaison annuelle du projet d'entreprise. Ce document encore plus concret est aussi un moyen de pilotage du projet d'entreprise.

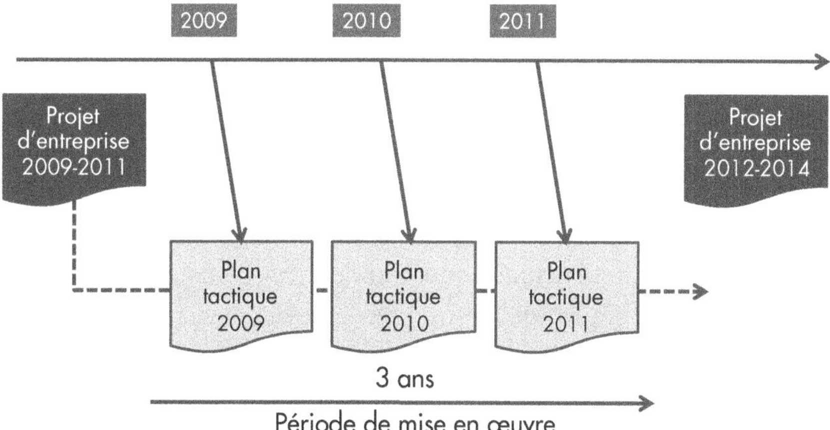

Ainsi, si le projet d'entreprise est prévu pour trois ans, il sera décliné chaque année en plan tactique, composé de différents éléments :

- la liste des projets à mener dans l'année à venir ;
- les ressources allouées à ces projets ;
- les objectifs financiers liés à l'activité normale ;
- les objectifs qualitatifs liés à l'activité normale.

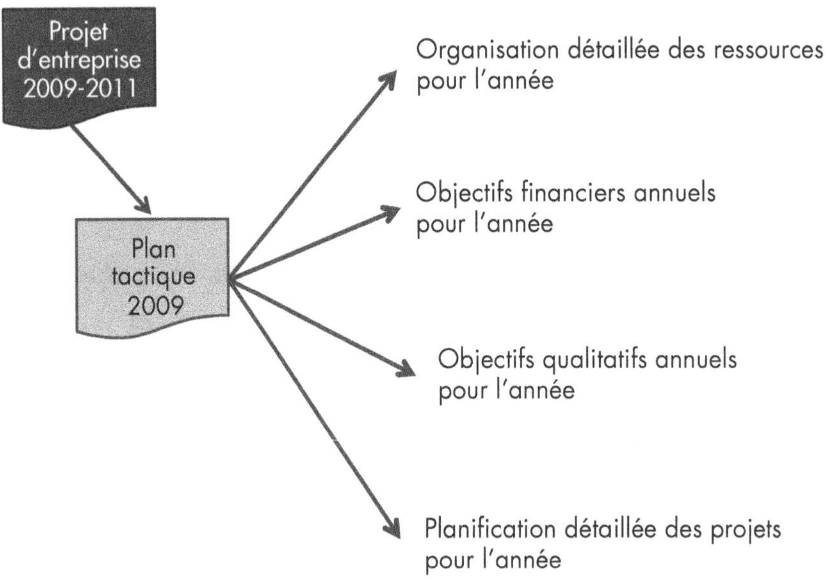

Dans une TPE (moins de dix personnes), on compte un seul plan tactique (un seul document). Dans une entreprise un peu plus importante (entre dix et cinquante personnes), le plan tactique est décomposé en plans tactiques par service. Dans une société de plus de cinquante personnes, un plan tactique central (document principal) est construit par la direction générale, puis décliné par grande direction en plan tactique de la direction.

Cela dit, mieux vaut éviter de découper les éléments en trop petits morceaux, car cela nécessitera de nombreuses réunions de pilotage trop mobilisatrices pour les acteurs, donc démobilisatrices à la longue. Cela impliquera également une hausse des niveaux de consolidation pour fournir à la direction générale un tableau de bord permettant une prise de décision rapide.

Dans les grandes entreprises, mieux vaut donc qu'une ou plusieurs personnes épaule(nt) la direction générale et les directeurs opérationnels pour le pilotage des projets du plan tactique au lieu de créer de nombreux étages de pilotage. C'est d'ailleurs le rôle du *project office* (ou coordinateur de projets) dans les entreprises ayant opté pour le mode projet comme outil de pilotage.

Les chevauchements temporels nécessaires

Le premier plan tactique est construit en même temps que le projet d'entreprise. Par exemple, les plans tactiques suivants seront construits chaque année après avoir fait le bilan du plan tactique n – 1.

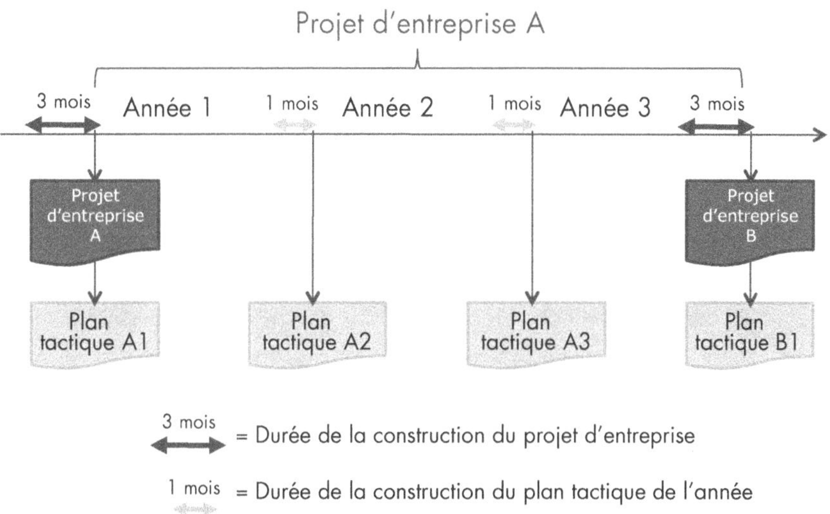

Cette façon de procéder nécessite de l'anticipation et une organisation sans faille au niveau des délais. On peut considérer dans le meilleur des cas qu'il faut trois mois pour construire un projet d'entreprise et un mois pour construire un plan tactique.

Tout retard dans la mise en œuvre de cette logique implique la dégradation de la capacité de réaction de l'entreprise par rapport à ses environnements. Ce déploiement nécessite d'abord une information, voire une formation des acteurs impliqués dans cette mécanique afin qu'ils comprennent leur rôle et pourquoi le respect des délais de construction des projets d'entreprise et des plans tactiques est impératif.

La capacité des managers à tenir la distance et à mener périodiquement ces actions révèle à la fois leur maîtrise du management par objectifs, ainsi que la réactivité de l'entreprise.

Les acteurs impliqués dans le mécanisme

Ces délais minimums d'un mois et de trois mois prennent en compte les allers-retours nécessaires entre les différentes parties prenantes de l'entreprise. Plus celle-ci est importante, plus le nombre d'acteurs impliqués sera grand et plus le délai risque de s'allonger.

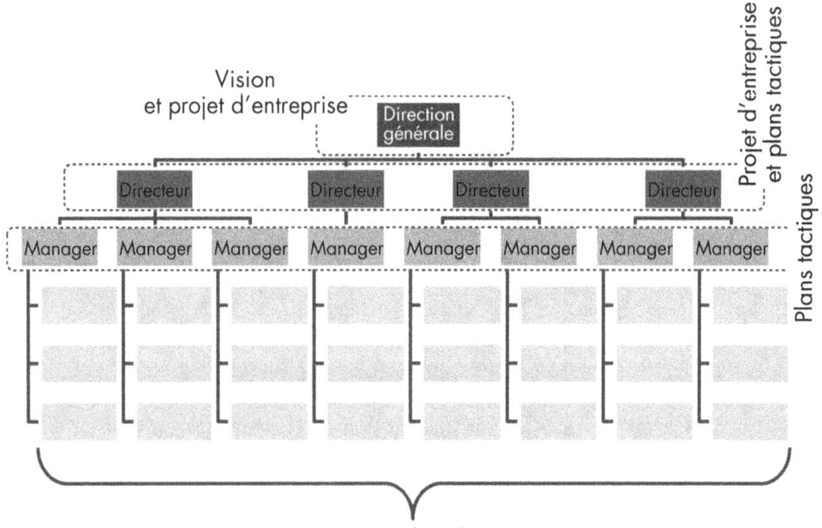

Mise en œuvre des plans tactiques

Les acteurs impliqués sont :

* les actionnaires pour fixer les objectifs généraux, notamment financiers ;
* la direction générale pour construire la vision et le projet d'entreprise ;

- le comité de direction pour construire le projet d'entreprise et le décliner en plans tactiques ;
- les managers pour la construction détaillée des plans tactiques ;
- les collaborateurs pour la mise en œuvre des actions à mener.

Si les collaborateurs ne sont pas concernés par la construction du projet d'entreprise, ils seront informés au départ de la vision et de sa déclinaison en objectifs et en projets ; puis pendant le projet pour la mise en œuvre des actions du plan tactique en cours ; annuellement pour le bilan des différents plans tactiques ; et en fin de projet d'entreprise pour le bilan général.

Le pilotage des différents plans tactiques

En décortiquant les différents niveaux de construction du projet d'entreprise et des plans tactiques associés, le rôle des différents acteurs dans le pilotage devient plus clair. Ce pilotage s'effectue selon trois périodicités :

- tous les trois ans ;
- tous les ans ;
- tous les mois.

La direction générale doit donc pouvoir faire le point sur le déroulement de son projet d'entreprise à chacune de ces échéances.

Le **système de pilotage mensuel** sert à faire le point projet par projet et à consolider l'ensemble des projets dans un planning et un budget consolidé. La direction générale peut ainsi rapidement décider de procéder à des rectifications du plan tactique annuel en fonction de l'avancement des différents projets y contribuant. Ce type de réunion permet aussi de constater l'avancement de chaque service ou direction (suivant l'organisation de l'entreprise) dans ses activités habituelles.

Le **système de pilotage annuel** permet de vérifier comment le plan tactique s'est déroulé (bilan) et de construire le plan tactique de l'année suivante. C'est à ce moment-là que l'on peut décider de rectifier les objectifs généraux du projet d'entreprise plus global.

Le **système de pilotage tous les trois ans** consiste à dresser le bilan du projet d'entreprise achevé et à construire le projet d'entreprise futur.

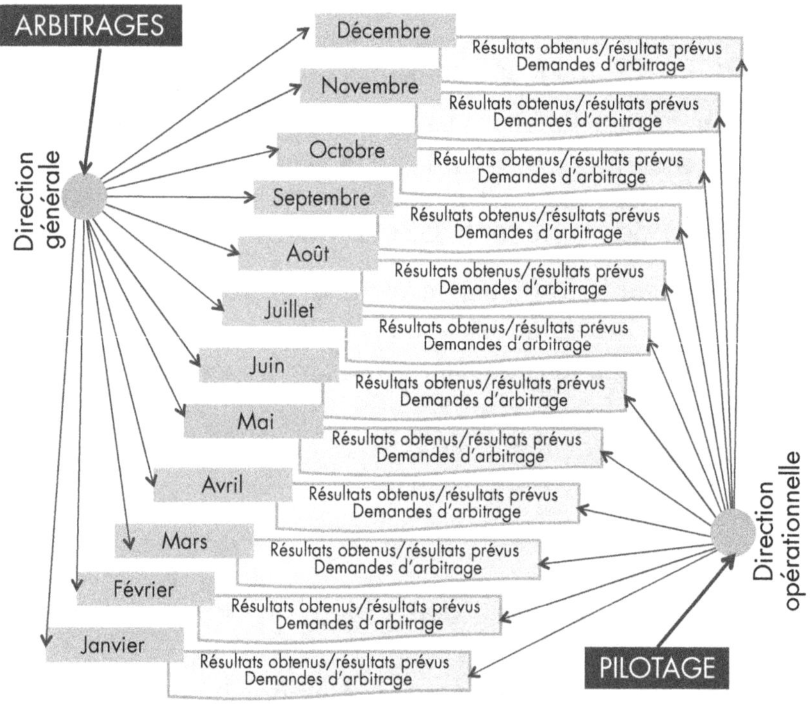

La description de la logique méthodologique

Comme nous l'avons vu, le premier objectif de construction du projet d'entreprise consiste à assurer un développement durable et équitable. Pour construire ce dernier, il faut nécessairement s'appuyer sur une démarche méthodologique, qui présente plusieurs avantages :

- un langage commun à tous les acteurs qui vont participer à la construction et au pilotage ;
- un fil rouge qui permet de ne rien oublier ;
- une définition claire du rôle des acteurs dans tout le processus ;
- la garantie de pouvoir reproduire la démarche d'un projet d'entreprise à l'autre ;
- une logique de capitalisation qui permet à chacun d'être plus performant au fil des ans et d'apprendre des expériences passées.

Difficile de concevoir une telle démarche sans accompagnement, sauf à être rodé à l'ensemble des techniques qui y sont associées. Cependant, les techniques d'analyse ne sont pas très complexes à acquérir. C'est surtout le recul nécessaire qui s'avère difficile à mettre en œuvre pour ceux qui vivent l'entreprise au quotidien.

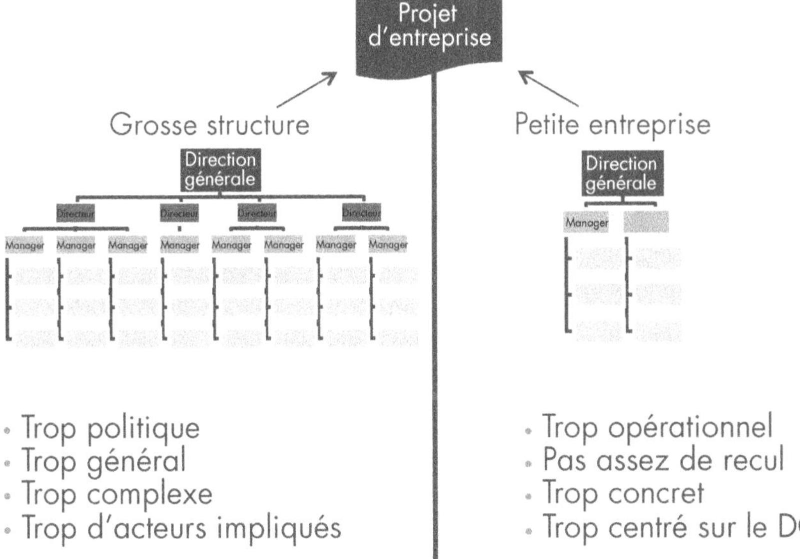

L'approche de la rédaction d'un projet d'entreprise dans une petite ou une grande entreprise est très différente.

Lorsque j'interviens dans une grande structure, je passe mon temps à reformuler plus concrètement les propositions des dirigeants ou des managers. J'essaie de les convaincre qu'il est nécessaire de rester pragmatique, car la réussite est aussi liée à la capacité à rendre concret le projet afin que chacun des collaborateurs se sente concerné.

Mais lors d'une intervention dans une PME, il faut accompagner le dirigeant dans sa prise de recul ; sa vision est souvent celle du très court terme, liée aux exigences opérationnelles de la survie au quotidien.

Finalement, il n'existe pas d'approche idéale. Et si l'accompagnement par un consultant est plus que nécessaire, la démarche méthodologique reste la même.

chapitre 2

Déroulement méthodologique

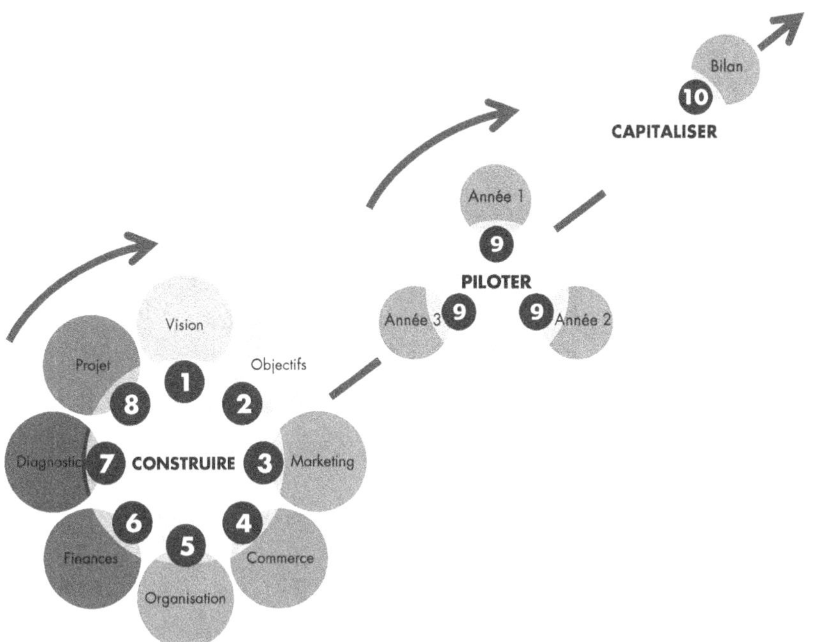

Le développement est décomposé en trois phases : la phase de
construction aboutit à la rédaction du document « projet d'entreprise » ; puis la phase de **pilotage** construit les plans tactiques
et les met en œuvre ; enfin, la phase de **capitalisation** vise à dresser le bilan du projet d'entreprise et à préparer le projet suivant.

Les dix étapes d'un bon développement sont les suivantes :

- avoir et rédiger la vision ;
- décliner la vision en objectifs opérationnels ;
- analyser les produits, les services, les clients ;
- analyser les modes de commercialisation et la concurrence ;
- analyser l'organisation ;
- analyser les finances ;
- faire le diagnostic ;
- rédiger et communiquer le projet d'entreprise ;
- piloter le projet d'entreprise ;
- faire le bilan et lancer le nouveau plan.

La phase de construction en détail

La phase de construction se déroule en trois mois et se réalise avec le chef d'entreprise, le comité d'entreprise éventuel, et un ou deux collaborateurs proches du dirigeant. Cette phase pose évidemment les fondations du système de développement. Plus on investit dans cette phase de réflexion, plus le pilotage du développement sera facile. C'est une logique méthodologique classique de « prendre du temps avant pour en gagner après ». La phase de construction comprend les huit premières étapes citées plus haut.

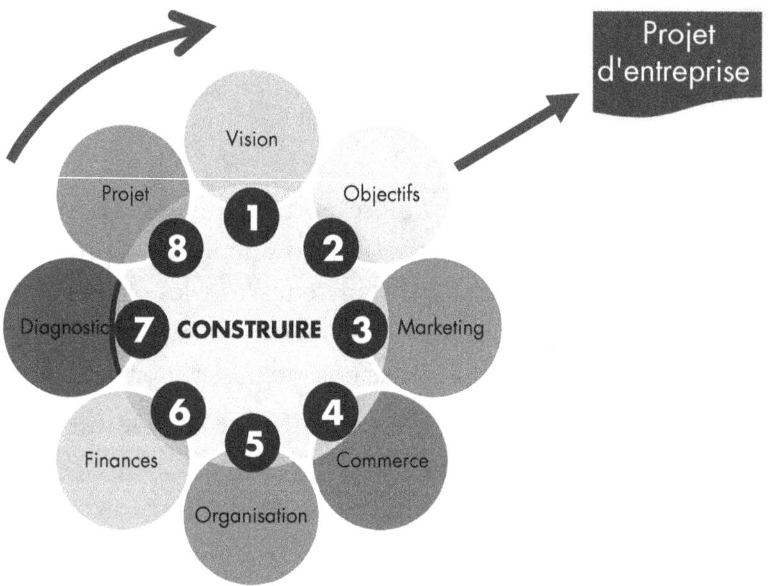

La première étape, « **Avoir et rédiger la vision** », consiste à réfléchir aux objectifs fixés par les actionnaires et à les placer dans une phrase qui résume ce que sera l'entreprise à l'issue du projet d'entreprise dans trois ans. Cette étape est particulièrement difficile, car il faut « penser communication » et pas nécessairement objectifs opérationnels, tout en restant concret pour mobiliser suffisamment.

La deuxième étape, « **Décliner la vision en objectifs opération-nels** », dépasse les seuls objectifs financiers fixés par les action-naires (ou politiques pour des élus). Il faut en effet décliner la vision en grandes catégories d'objectifs pouvant correspondre à la structuration de l'entreprise. Ainsi, on peut fixer des objectifs de développement de produit, de marketing, commerciaux, de systèmes d'information, immobiliers, de ressources humaines, etc. Si l'entreprise est de grande taille, cette étape peut justifier de décliner la vision en plans d'actions thématiques. Comme il s'agit d'objectifs, il importe de les concrétiser au maximum, même s'ils sont globaux à ce stade.

La troisième étape, « **Analyser les produits, les services, les clients** », consiste à mettre à plat l'ensemble des produits et servi-ces proposés aux clients, puis à les classer pour déterminer ceux à maintenir, à améliorer et à supprimer. Dans un second temps, on fait un état des lieux des clients (comportements d'achat et chiffre d'affaires généré par client et par type de client). Cette étape n'est pas nécessairement complexe, mais exige d'être particulièrement exhaustif, à la fois dans le listage des différents éléments et dans l'analyse. Elle nécessite donc de disposer des données et de se montrer très rigoureux dans l'analyse de ces dernières.

La quatrième étape, « **Analyser les modes de commercialisation et la concurrence** », vise à analyser les processus de commer-cialisation des produits et services de l'entreprise, de l'idée à la vente, afin de voir s'ils sont adéquats. De même, la concurrence est étudiée pour mesurer les volumes d'affaires (chiffre d'affaires, quantité de produits, quantité de services, ressources impliquées) et déterminer ses secteurs géographiques. Cette étape permet notamment de déterminer la liste des réels concurrents, de leurs forces et de leurs faiblesses. Ce travail nécessite un minimum de *benchmark* externe, à travers les analyses des données juridiques de l'entreprise, sur Internet, ou en enquêtant de façon plus ou moins approfondie sur la collaboration de certains avec la concurrence.

La cinquième étape, « **Analyser l'organisation** », consiste à partir de l'organisation existante pour imaginer l'organisation cible nécessaire afin de supporter les conséquences du développement. Cette réflexion entraîne la création d'étapes intermédiaires avant d'arriver à l'organisation cible (par exemple les organisations à déployer tous les ans en fonction des différents plans tactiques). Cette étape est délicate, car elle nécessite un minimum d'expertise dans le maniement des outils de lecture de l'organisation. En effet, on analyse six points : organigrammes, process, ressources disponibles (humaines, matérielles), modes de management, système relationnel et système de motivation.

La sixième étape, « **Analyser les finances** », vise à prendre en compte les ressources nécessaires au développement de l'entreprise (financières, matérielles et humaines). Le tout consolidé représente le budget nécessaire à la mise en œuvre du projet d'entreprise. Ce travail permet de constituer un plan de trésorerie tout au long du projet d'entreprise, puis de solliciter les partenaires financiers au moment opportun pour couvrir les besoins en trésorerie.

La septième étape, « **Faire le diagnostic** », met en perspective tous les éléments analysés dans les étapes 3 à 6, avec les objectifs à atteindre et la vision, et mesure l'écart à combler pour y arriver. Ce travail suppose de créer un tableau de diagnostic (ceci nécessite de l'expérience) afin de projeter l'entreprise analysée et d'identifier ses plus grands points de défaillance.

Enfin, la huitième étape, « **Rédiger et communiquer le projet d'entreprise** » vise à écrire le document décrivant le projet d'entreprise. Ce document ne contient pas nécessairement tous les éléments d'analyse, mais au minimum la vision, les différentes actions à lancer en marketing, commerce, organisation et finances, enfin la liste des différents projets à déployer pendant les trois ans du projet d'entreprise. Cette étape rédactionnelle est importante, car le document sera communiqué aux collaborateurs (éventuellement en version allégée si certaines parties sont confidentielles) et aux managers. En outre, il peut s'avérer primordial, par exemple pour organiser la vente de la structure, de créer un partenariat ou de demander une aide financière.

La phase de pilotage en détail

La phase de pilotage, dont la mise en œuvre relève plus particulièrement des managers, ne pose pas de problème particulier si la phase de construction a été correctement réalisée. Cette phase s'appuie sur les réunions de pilotage, qui doivent être dynamiques et récurrentes, et sur la qualité des tableaux de bord de consolidation. Elle se matérialise par la neuvième étape annoncée plus haut, « **Piloter le projet d'entreprise** ».

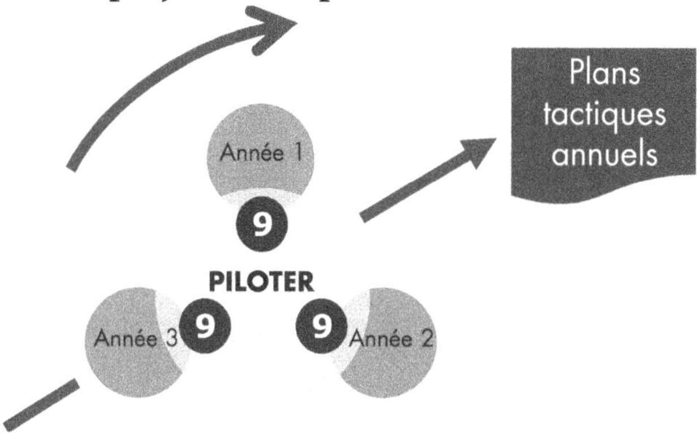

Cette neuvième étape contient une double récurrence avec deux périodicités : tout d'abord annuelle, *via* la construction du plan tactique, qui est une déclinaison du projet d'entreprise ; puis mensuelle, pour l'organisation des réunions de pilotage du plan tactique annuel.

Le pilotage est affaire de pugnacité, la difficulté étant de tenir la distance et de maintenir la rigueur nécessaire pour mettre en œuvre régulièrement les actions de pilotage et mettre à jour les tableaux de bord consolidés.

La phase de capitalisation en détail

La phase de capitalisation clôt la démarche. Si tous les prétextes sont bons pour ne pas dresser de bilan, c'est pourtant indispensable pour assurer la progression de l'entreprise. C'est également un moyen de prononcer officiellement le mot « fin » pour le projet d'entreprise, de se ressourcer, de fêter l'événement et de remercier ceux qui se sont investis dans sa mise en œuvre. Cette phase se traduit par la dernière étape citée plus haut, « **Faire le bilan et lancer le nouveau plan** ».

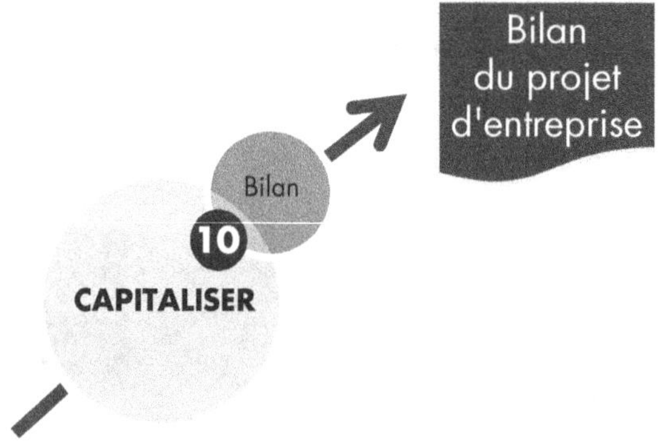

Cette dixième et dernière étape permet de clore le projet d'entreprise de deux manières : en dressant le bilan de ce qui a bien marché et de ce qui a moins fonctionné afin de capitaliser sur ces acquis ; en lançant la préparation du nouveau plan. Souvent négligée, cette étape est certainement la plus rentable. Elle permet d'inscrire l'entreprise dans une logique de qualité et de performance. Autre avantage : les acteurs s'améliorent en termes de rédaction du projet d'entreprise et vont donc plus vite dans la construction et dans le pilotage.

La logique documentaire

On distingue trois grands types de documents, correspondant à chaque phase de la méthode :

- les documents de la phase de construction (outil d'analyse et projet d'entreprise) ;
- les documents de la phase de pilotage (plan tactique annuel et tableau de bord de pilotage) ;
- le document de la phase de capitalisation (bilan global).

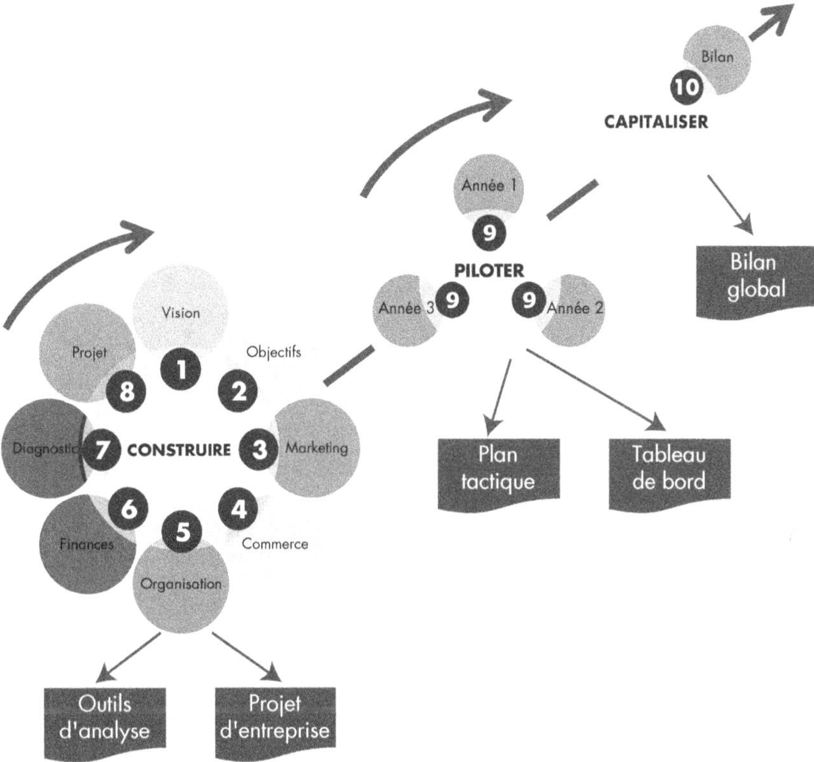

Les outils d'analyse sont constitués de l'analyse des précédents projets d'entreprise, la prise en compte des objectifs des actionnaires, l'analyse de l'historique de l'entreprise, la rédaction de la première vision, la traduction de la vision en objectifs opérationnels, les tableaux d'analyse (marketing, commerce, organisation, finances), enfin le diagnostic.

Le projet d'entreprise, lui, comprend la vision définitive, les actions à mener (marketing, commerce, organisation et finances) et le planning consolidé des projets à mener.

Quant au plan tactique, il se compose des fiches projet des projets à mener dans l'année, des objectifs de fonctionnement de l'année, et des actions détaillées à mener pour chaque direction ou service.

Le tableau de bord comprend le tableau de bord consolidé des projets, ainsi que les relevés de décision des réunions de pilotage.

Enfin, le bilan global comprend le bilan détaillé du projet d'entreprise et une première ébauche du projet d'entreprise suivant.

La construction des documents

Nous avons choisi volontairement de bâtir des documents simples pour plusieurs raisons :

- Ce sont souvent les choses les plus simples qui marchent le mieux.
- Ces documents doivent pouvoir être utilisés par tout type d'entreprise.
- Ces documents doivent pouvoir être compris par tous les collaborateurs.
- Les documents trop complexes sont souvent décourageants et rarement mis à jour.

Néanmoins, cette base documentaire peut être complétée par des outils plus complexes ou plus performants pour s'adapter à la taille de l'entreprise ou pour effectuer des « zooms » plus approfondis sur certaines thématiques et notamment sur les volets d'analyse. Il s'agit des domaines suivants, pouvant justifier de faire appel à des spécialistes, qui disposent de nombreux outils :

* marketing ;
* commercial ;
* organisation ;
* finances.

L'approche de ces volets s'avère ici volontairement simple, car au final, la démarche globale importe davantage que le détail de chaque thématique. Nous vous laissons donc le soin de vous reporter aux ouvrages de spécialistes consacrés à ces quatre thématiques, pour comprendre comment mettre en œuvre ces outils d'experts.

Les raisons des échecs du développement

Réussir son développement n'est finalement pas si simple que cela. Au-delà de l'acte technique qui, grâce à l'aide des outils, n'est pas si compliqué au final, un certain nombre de facteurs, essentiellement humains, peuvent être autant de points bloquants.

Être en accord avec soi-même…

Comment peut-on annoncer un objectif à atteindre et au fond ne pas y adhérer ? Deux raisons principales l'expliquent. Soit le dirigeant se sent contraint par les actionnaires de fixer des objectifs qui ne lui conviennent pas, soit il ne sait pas vraiment qu'il s'engage dans des objectifs contraires à ce qu'il souhaite vraiment (décalage entre le conscient et l'inconscient). Ce n'est pas parce qu'on se situe en haut dans la hiérarchie ou que l'on est bardé de diplômes que l'on est mûr psychologiquement…

Ne pas se laisser embarquer…

L'environnement, la culture de l'entreprise, notre société, nous poussent à faire et vouloir toujours plus. Or, cette avidité est souvent bien supérieure à ce que permettent les ressources disponibles. On accepte ainsi pour des raisons aussi bonnes les unes que les autres de s'engager sur des objectifs inatteignables, comme si le mot « ambition » était directement corrélé à irréaliste. Le plus grave, est que l'on entraîne ainsi les autres et l'entreprise dans une prise de risque importante. Il importe donc de savoir vraiment dire non et d'expliquer pourquoi c'est irréaliste. Quand on explique clairement, on obtient en général gain de cause.

Ne pas tout déléguer…

Le dirigeant dirige, quoi de plus naturel… Mais au-delà de donner du sens à une action, cela signifie qu'il doit s'investir en permanence. Une implication de tous les instants constitue en effet l'une des clés de la réussite. Le dirigeant et le comité de direction éventuel doivent rester les moteurs humains du développement, tout au long du processus. Ainsi, leur présence est indispensable par exemple lors des réunions de pilotage. En outre, il est essentiel qu'ils ne soient pas seulement des hommes de dossier. La prise de température sur le terrain reste un instrument de mesure essentiel. S'impliquer vraiment en étant là, notamment lorsque les choses vont mal, tel est le rôle du vrai manager. Il suffit parfois de peu pour motiver les troupes : être présent simplement.

Ne pas communiquer comme un politique…

On peut toujours employer des mots qui veulent tout dire et son contraire : on s'assure ainsi que tout le monde a compris qu'il n'y a rien à comprendre ! Ce n'est pas comme cela que l'on donne du sens à sa stratégie. Le « sens » implique une direction claire et compréhensible. Certes, il faut accepter que certains ne partagent pas le sens donné, mais il est plus difficile d'encadrer une équipe sans direction qu'une équipe qui a fait clairement part de son positionnement par rapport aux objectifs. Parler clairement, dire ce que l'on pense, expliquer et gérer les oppositions dans la plus grande transparence, c'est l'assurance de régler les problèmes avant d'embarquer sur le bateau avec un équipage de béni-oui-oui ou de mutins...

Faire appel à son intuition et à son expérience…

De nombreux business plans sont élaborés par des consultants ou des dirigeants de « génie », mais sans comporter une once de bon sens. S'ils peuvent sembler géniaux sur le plan technique, dans la « vraie vie », ils ne sont pas réalisables. D'ailleurs, ces documents comportent peu d'éléments sociologiques. Or, ces derniers s'avèrent essentiels pour la réussite. Le technocrate se réfugie derrière ses outils et ses tableaux, parfois sans aucune pincée d'humanité.

Identifier les facteurs de motivation, comprendre les hommes et les femmes qui font l'entreprise, chercher des leviers humains, puis mettre en musique sur le plan technique, voilà le gage de la réussite…

À présent que vous êtes prêt, nous vous proposons deux chemins/méthodes.

Le chemin **plus rapide** (chapitre 3) convient si vous disposez de peu de temps ou si votre entreprise est petite. Doté du même nombre d'étapes que la version longue, ses outils sont très synthétiques. Il propose une check-list de questions pour vérifier que vous n'avez rien oublié.

Le chemin **plus long** (chapitre 4) signifie que vous souhaitez prendre votre temps ou que l'entreprise a un périmètre plus grand. Les outils présentés ici sont donc plus complets.

> *« Si vous voulez réussir, sachez ce que vous faites, aimez ce que vous faites et croyez en ce que vous faites. » (Rogers)*

chapitre 3

Méthode rapide : deux heures pour réfléchir à l'avenir de son entreprise

Dans cette partie, vous allez pouvoir mettre en œuvre une méthode très synthétique. Vous pouvez l'utiliser dans les cas suivants :

* dirigeant de TPE (moins de dix personnes) ;
* manager d'un petit centre de profit ;
* première expérience de démarche d'analyse stratégique ;
* manque de temps (ou d'envie) pour aller en profondeur.

Deux heures peuvent sembler très courtes pour orienter le destin d'une entreprise, mais cela aide à se poser des questions qui n'ont pas été abordées sous cet angle. En outre, cette méthode offre une vue d'ensemble de tous les aspects de l'entreprise. En effet, l'approche est souvent réductrice. Nous voyons les choses à travers le prisme qui nous arrange.

Les outils présentés ici sont simplistes. À vous de les compléter pour les rendre plus efficaces si vous le souhaitez. Néanmoins, n'oubliez pas qu'il importe de garantir un niveau de maille homogène dans son analyse, c'est-à-dire un niveau de détail identique dans toutes les rubriques. Sinon, la mise en perspective des différents éléments sera impossible. Ce serait comme si l'on traçait une route dotée du niveau de détail d'une carte d'état-major, insérée dans une mappemonde : illisible !

Chaque outil est complété par un tableau de questions, afin de valider si l'on a envisagé tous les aspects de toutes les fiches. Le principe est simple : si vous répondez « oui » à toutes les questions, vous pouvez passer à la fiche suivante.

Si vous éprouvez des difficultés à appliquer la méthode, faites-vous aider par un proche ou par un consultant. Dans ce dernier cas, n'hésitez pas à consulter la conclusion du livre pour bien choisir le professionnel qui vous accompagnera efficacement. Vous pouvez aussi travailler avec votre « bras droit », sans toutefois le charger de rédiger la vision, car c'est votre travail de dirigeant !

Si cela vous a plu et que vous disposez de davantage de temps, n'hésitez pas à mettre en œuvre la méthode complète (lire le chapitre 4).

⏱ Le tout en 10 minutes !

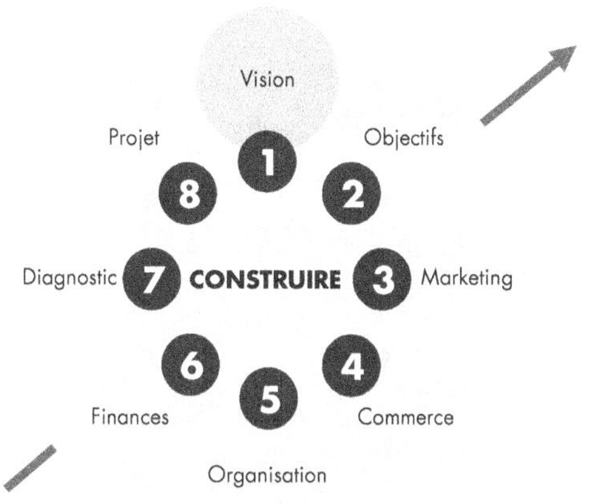

Les actions à mener

- Analyser les projets d'entreprise précédents.
- Prendre en compte les objectifs des actionnaires.
- Analyser l'historique et les valeurs.
- Écrire une première vision.
- Évaluer les bénéfices de la vision.

Ne négligez pas cette étape, c'est la clé
de tout le développement !

Mes buts	Objectifs personnels	Objectifs professionnels
Dans 6 mois		
Dans 1 an		
Dans 3 ans		

Cohérence entre personnel-professionnel ?	
Ma vision de l'entreprise à 3 ans	

Validez cette étape avec ces 10 questions

Questions	Oui	Non
Avez-vous analysé les résultats obtenus sur les trois dernières années ?		
Avez-vous mis en perspective ces résultats avec vos ambitions pour l'entreprise ?		
Avez-vous mis en perspective ces résultats avec vos ambitions personnelles ?		
Connaissez-vous les valeurs que vous souhaitez véhiculer dans l'entreprise ?		
Connaissez-vous les objectifs personnels des différents actionnaires ?		
Avez-vous rédigé une première vision de l'entreprise à horizon trois ans ?		
Savez-vous ce qu'apporterait cette vision à l'entreprise ?		
Savez-vous ce qu'apporterait cette vision aux actionnaires ?		
Savez-vous ce qu'apporterait cette vision aux collaborateurs ?		
Savez-vous ce que vous apporterait cette vision à titre personnel ?		

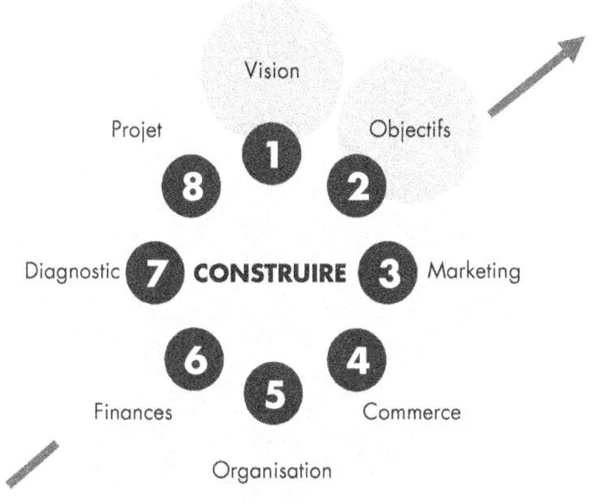

Les actions à mener

Fixer les objectifs pour la direction générale.

Fixer les objectifs des directions fonctionnelles.

Fixer les objectifs des directions opérationnelles.

Vérifier la cohérence entre les objectifs.

Valider la cohérence avec la vision.

Ne considérez pas ces objectifs comme définitifs. Il est d'ailleurs risqué de communiquer sur ces données avant l'issue de la démarche globale.

Délais de réalisation	Chiffre d'affaires	Résultat net	Effectifs	Moyens à mettre en place	Autres objectifs
Année 1					
Année 2					
Année 3					
Remarques					

Validez cette étape avec ces 10 questions

Questions	Oui	Non
Les objectifs généraux sont-ils cohérents avec la vision ?		
Les objectifs ont-ils été déclinés pour chaque direction fonctionnelle ?		
Les objectifs ont-ils été déclinés pour chaque direction opérationnelle ?		
Les objectifs fonctionnels et opérationnels sont-ils cohérents avec les objectifs généraux ?		
Le chiffre d'affaires est-il déterminé pour chaque année du projet d'entreprise ?		
Le résultat net est-il déterminé pour chaque année du projet d'entreprise ?		
Les effectifs ont-ils été évalués pour chaque année du projet d'entreprise ?		
Les effectifs prévus sont-ils cohérents avec les résultats nets escomptés ?		
Les moyens à mettre en place ont-ils été évalués ?		
Les moyens à mettre en place ont-ils été valorisés et intégrés dans le résultat net ?		

Étape 3 – Analyser les produits, les services, les clients

⏱ Le tout en 10 minutes !

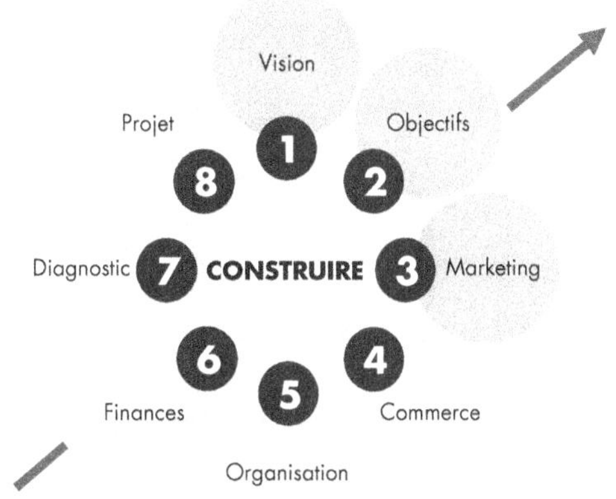

Les actions à mener

- Faire un état des lieux de l'existant des produits et services.
- Analyser les produits et les services.
- Hiérarchiser les produits et les services.
- Faire un état des lieux des clients.
- Vérifier la cohérence de l'ensemble.

L'entreprise ne vit que grâce à ses clients. Même si ceux-ci ne sont que des usagers, ils auront le dernier mot.

Qui sont nos clients ?	Quels sont nos produits ?	Quels sont nos services ?

Quel est le métier de l'entreprise ?	
Quelle est la réelle valeur ajoutée ?	

Validez cette étape avec ces 10 questions

Questions	Oui	Non
Tous les produits commercialisés par l'entreprise ont-ils été listés ?		
Tous les services commercialisés par l'entreprise ont-ils été listés ?		
Les produits et services véhiculant la meilleure image ont-ils été listés ?		
Les produits et services apportant la meilleure marge nette ont-ils été listés ?		
Le métier de l'entreprise a-t-il été identifié ?		
La cohérence entre les produits et les services et le métier de l'entreprise a-t-elle été vérifiée ?		
Les typologies de clients ont-elles été identifiées ?		
La cohérence entre les clients et les produits et les services a-t-elle été vérifiée ?		
La cohérence entre l'image de l'entreprise et son métier a-t-elle été vérifiée ?		
Les valeurs de l'entreprise perçues par les clients sont-elles cohérentes avec les valeurs prônées par la direction générale ?		

Étape 4 – Analyser les modes de commercialisation

 Le tout en 15 minutes !

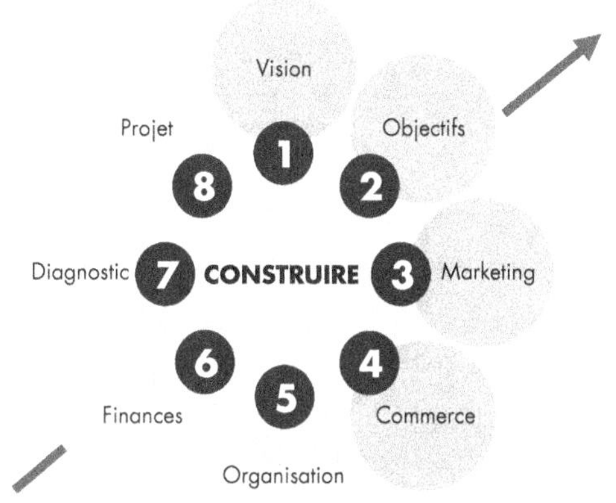

- Manager
- Dirigeant
- Consultant

Les actions à mener

- Lister et analyser les principaux fournisseurs.
- Analyser le processus de prospection.
- Analyser le processus de vente.
- Analyser la concurrence.
- Vérifier la cohérence des éléments.

Essentiel, car il assure la longévité de l'entreprise, le processus de vente doit être fiable, évolutif et innovant, surtout si les produits et services fournis sont fortement concurrencés.

Éléments analysés	Fournisseurs	Concurrents
Liste		
Points forts		
Points faibles		
Remarques		

Comment est-ce que je vends à mes clients ?	
Comment est-ce que je touche les prospects ?	

Validez cette étape avec ces 10 questions

Questions	Oui	Non
Les fournisseurs ont-ils été listés ?		
Les fournisseurs potentiels ont-ils été listés ?		
Les fournisseurs ont-ils été classés ?		
Les processus de prospection ont-ils été listés ?		
Les processus de vente ont-ils été listés ?		
Les principaux concurrents sont-ils connus et listés ?		
Les concurrents ont-ils été classés ?		
L'entreprise a-t-elle été classée par rapport à ses concurrents ?		
Le processus d'innovation a-t-il été identifié ?		
Les processus d'innovation des concurrents ont-ils été identifiés ?		

 Le tout en 10 minutes !

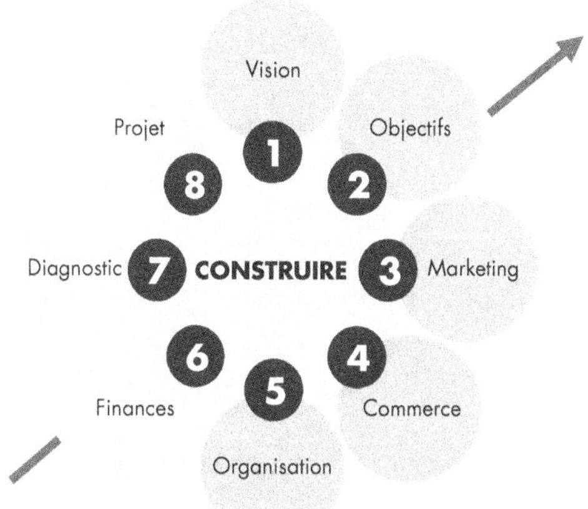

- Manager
- Dirigeant
- Consultant

Les actions à mener

- Analyser les organigrammes.
- Analyser les processus.
- Analyser les moyens.
- Analyser les modes de management.
- Analyser les relations et la motivation.

Parent pauvre de l'analyse stratégique, l'organisation est délaissée au profit du commerce, du marketing et des finances. Pourtant, l'organisation apporte les fondations du système entreprise, ce qui va assurer la pérennité.

Élément analysé	Pas adapté aux objectifs	Faiblement adapté aux objectifs	Moyennement adapté aux objectifs	Parfaitement adapté aux objectifs
Organigramme				
Fonctions				
Moyens				
Management				
Relations				
Motivations				

Validez cette étape avec ces 10 questions

Questions	Oui	Non
L'organigramme hiérarchique a-t-il été dessiné ?		
L'organigramme fonctionnel a-t-il été dessiné ?		
Les organigrammes fonctionnels et hiérarchiques ont-ils été superposés ?		
Les grands processus ont-ils été identifiés ?		
Les moyens dont dispose l'entreprise ont-ils été listés ?		
Les modes de management de la direction générale ont-ils été identifiés ?		
Les modes de management des principaux cadres ont-ils été identifiés ?		
Les sociogrammes des différents services et directions ont-ils été construits ?		
Les éléments de motivation des différents collaborateurs et cadres ont-ils été listés ?		
La cohérence entre les objectifs et l'organisation de l'entreprise a-t-elle été évaluée ?		

Étape 6 – Analyser les finances

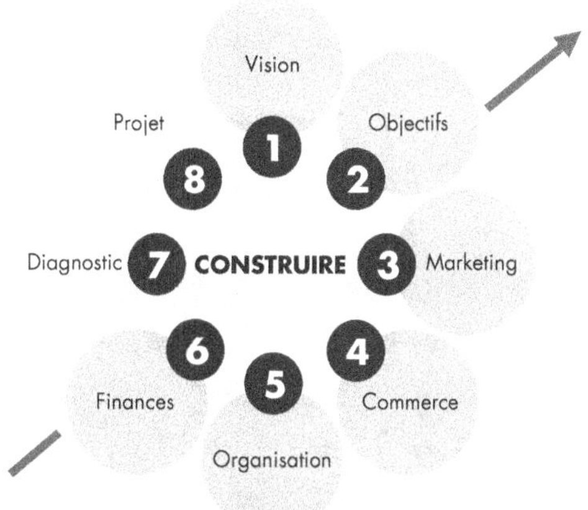

Le tout en 20 minutes !

- Manager
- Dirigeant
- Consultant

Les actions à mener

- Définir les charges de travail internes.
- Répartir les charges entre les collaborateurs.
- Lister les investissements.
- Consolider les charges et les coûts.
- Faire des arbitrages sur les projets à mener.

La sous-évaluation des charges de travail nécessaires à la mise en œuvre d'un développement conduit soit à l'échec du développement soit à une dégradation de la qualité de la production.

Ressources	Ressources financières	Ressources humaines	Ressources matérielles
Disponibles actuellement			
À mobiliser en plus			
Coût global			

Quel est le retour sur investissement ?

Validez cette étape avec ces 10 questions

Questions	Oui	Non
La charge par personne et par activité a-t-elle été évaluée ?		
La charge entre les différents services et directions a-t-elle été évaluée ?		
Les coûts hommes ont-ils été déterminés ?		
La valorisation des tâches avec les coûts hommes a-t-elle été effectuée ?		
Les ressources humaines disponibles ont-elles été évaluées ?		
Les ressources matérielles disponibles ont-elles été évaluées ?		
Les ressources financières disponibles ont-elles été évaluées ?		
La cohérence entre les projets à mener dans le projet d'entreprise et les ressources disponibles a-t-elle été évaluée ?		
Les arbitrages sur les projets à mener ont-ils été faits ?		
Le retour sur investissement des projets à mener a-t-il été évalué ?		

Le tout en 20 minutes !

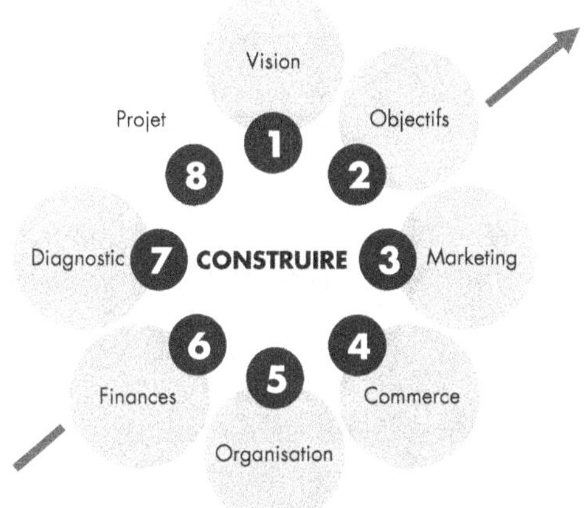

- Manager
- Dirigeant
- Consultant

Les actions à mener

- Mettre en perspective les différentes analyses.
- Définir les points forts et les points faibles.
- Rédiger le diagnostic.
- Définir les axes de progression.
- Revoir la vision et les objectifs associés.

Cette étape est difficile, car elle nécessite de mettre en perspective des éléments d'analyse de nature très différente. Le recul nécessaire à cette phase peut nécessiter un accompagnement extérieur.

Thèmes	Faiblesses	Forces	Menaces	Opportunités
Organisation				
Marketing				
Commercial				
Finance				

Quelles sont les « maladies » de l'entreprise qui pourraient l'empêcher d'atteindre ses objectifs ?

Validez cette étape avec ces 10 questions

Questions	Oui	Non
Toutes les analyses ont-elles été menées complètement ?		
Les points forts de chaque élément ont-ils été identifiés ?		
Les points faibles de chaque élément ont-ils été identifiés ?		
Tous les éléments ont-ils été mis en perspective les uns par rapport aux autres ?		
Les principales « maladies » de l'entreprise ont-elles été identifiées ?		
En face de chaque « maladie », les axes de progression ont-ils été listés ?		
Les axes de progression sont-ils cohérents avec la vision stratégique ?		
La vision a-t-elle été validée ou reformulée ?		
Les objectifs généraux ont-ils été validés ou réévalués ?		
La capacité de l'entreprise à mener son projet d'entreprise a-t-elle été évaluée ?		

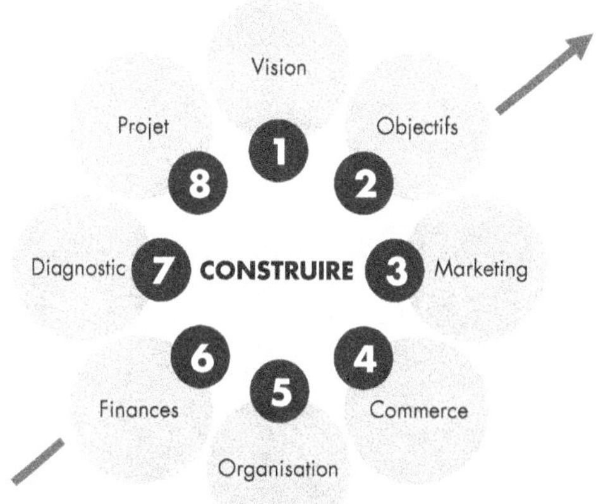

- Dirigeant
- Consultant

Les actions à mener

- Réécrire la vision si nécessaire.
- Décliner la vision en objectifs généraux.
- Construire le plan organisationnel et financier.
- Construire le plan marketing et commercial.
- Communiquer le projet d'entreprise.

Le projet d'entreprise est le prolongement du diagnostic et la traduction opérationnelle de la vision. En l'écrivant, il faut surtout penser à ceux qui vont le lire et l'utiliser.

La nouvelle vision	Les objectifs généraux associés à cette vision

Projets	But	Objectifs	Moyens
P1			
P2			
P3			
P4			
P5			

Validez cette étape avec ces 10 questions

Questions	Oui	Non
La vision est-elle claire ?		
La vision est-elle cohérente avec les capacités de l'entreprise ?		
La vision a-t-elle été suffisamment déclinée en objectifs mesurables ?		
La liste des projets à mener a-t-elle été finalisée ?		
Les évolutions organisationnelles nécessaires ont-elles été identifiées ?		
Les plans marketing et commercial ont-ils été construits ?		
Le plan financier a-t-il été construit ?		
Le document « projet d'entreprise » a-t-il été rédigé ?		
Le projet d'entreprise est-il clair et compréhensible par tous ?		
Le projet d'entreprise a-t-il été validé par les actionnaires, puis communiqué aux collaborateurs ?		

 Le tout en 1 heure par mois !

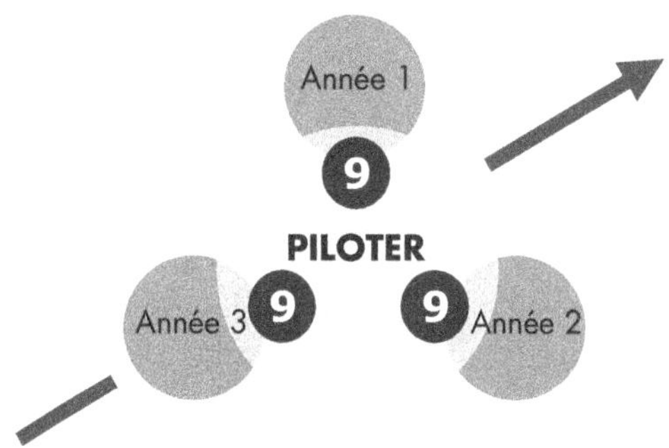

- Manager
- Dirigeant

Les actions à mener

- Définir les tableaux de bord de pilotage.
- Décliner le plan tactique.
- Organiser les réunions mensuelles.
- Organiser les réunions semestrielles.
- Faire le bilan du plan tactique.

Rigueur, discipline et organisation sont la seule solution pour tenir la distance et ne pas s'essouffler. Celui qui n'anticipe pas en pilotant son projet d'entreprise via des tableaux de bord simples, subira les événements et n'atteindra pas les objectifs initiaux.

Mois	Objectifs atteints	Objectifs non atteints	Actions correctives
Janvier			
Février			
Mars			
Avril			
Mai			
Juin			
Juillet			
Août			
Septembre			
Octobre			
Novembre			
Décembre			

Validez cette étape avec ces 10 questions

Questions	Oui	Non
Les tableaux de bord mensuels ont-ils été construits ?		
Les tableaux de bord trimestriels ont-ils été construits ?		
Les modes de reporting des tableaux de bord sont-ils connus de tous ?		
Les managers connaissent-ils les modes de consolidation des tableaux de bord ?		
Les réunions mensuelles sont-elles programmées ?		
Les réunions semestrielles sont-elles programmées ?		
Les réunions annuelles sont-elles programmées ?		
Le temps nécessaire pour les bilans intermédiaires a-t-il été réservé ?		
Tous les collaborateurs sont-ils conscients de l'importance du suivi du projet d'entreprise ?		
La direction générale est-elle prête à consacrer le temps nécessaire au pilotage du projet d'entreprise ?		

Étape 10 – Faire le bilan
et lancer le nouveau plan

 Le tout en 1 heure tous les ans
et tous les 3 ans !

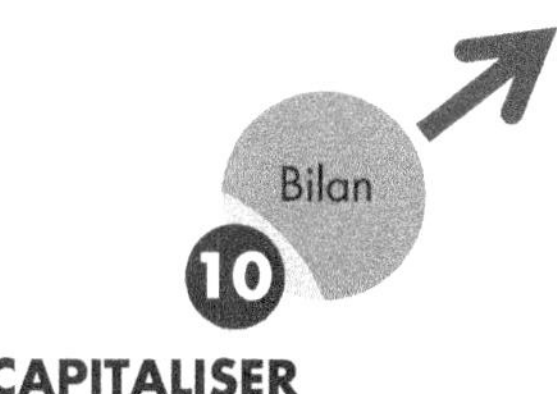

- Actionnaires
- Dirigeant
- Consultant

Les actions à mener

- Faire le bilan de chaque année.
- Faire le bilan global.
- Définir les actions correctives.
- Organiser une manifestation.
- Écrire la nouvelle vision.

Prononcer le mot de la fin, c'est adopter une dynamique de recommencement. C'est aussi savoir tirer les enseignements de ses expériences pour progresser et se redynamiser. C'est surtout prendre plaisir à avoir relevé certains défis.

Éléments analysés	Ce qui a bien marché	Ce qui a mal marché	Ce qu'il aurait fallu faire

Validez cette étape avec ces 10 questions

Questions	Oui	Non
Les bilans annuels ont-ils été réalisés ?		
Un historique des principaux événements a-t-il été élaboré ?		
La réunion de bilan global a-t-elle eu lieu ?		
La synthèse du bilan a-t-elle été faite ?		
Les causes des dysfonctionnements éventuels ont-elles été recherchées ?		
Les actions correctives à mener dans le prochain projet d'entreprise ont-elles été listées ?		
Le projet d'entreprise s'est-il clôturé par une manifestation impliquant tous les collaborateurs ?		
Les résultats du projet d'entreprise ont-ils été communiqués à tous les collaborateurs ?		
Les collaborateurs les plus méritants ont-ils été récompensés ?		
La nouvelle vision a-t-elle été écrite ?		

chapitre 4

Méthode complète : deux jours pour réfléchir à l'avenir de son entreprise

outils   détaillés

Si cette méthode reprend la même architecture que la méthode synthétique, ce sont les outils qui permettent d'aller beaucoup plus en profondeur dans chacune des rubriques. La méthode complète concerne les cibles suivantes :

- manager d'un gros centre de profit ;
- patron de PME ;
- dirigeant d'une grosse structure ;
- directeur général en charge de la stratégie.

La méthode complète offre un niveau de maille beaucoup plus élevé que la méthode synthétique. Toutefois, il reste indéniable que l'on peut toujours aller plus loin dans les analyses menées en termes de marketing, de commercial, d'organisation, de finances, de produits et services, de concurrence, etc. Attention cependant : aller trop en profondeur empêche de mettre en réelle perspective tous les éléments de l'entreprise. Or, tel est le but d'une analyse stratégique. Une vision synthétique de tous les éléments s'avère donc nécessaire en permanence. Pour cela, il faut idéalement réfléchir sur trois niveaux :

- réflexion avec la méthode synthétique pour une vue macro ;
- réflexion avec la méthode complète pour une vue synthétique ;
- réflexion avec des spécialistes de chaque volet abordé pour une vue détaillée.

Cette triple réflexion nécessite près de vingt jours de travail à temps plein pour une entreprise ou un centre de profit de cinquante personnes, soit l'équivalent d'un mois de travail en délais. Elle devrait être menée au moins une fois lors des dix premières années de construction de la stratégie, afin d'éviter que cette dernière soit incompréhensible et empile les idées sans aucune cohérence entre elles.

Ce type d'analyse a le mérite (ou l'inconvénient ?) de poser les bonnes questions. Or, nous n'avons pas toujours envie de nous les poser, ou de les poser à d'autres. La politique de l'autruche, combinée à la méthode Churchill (surtout ne rien faire, car un tiers des problèmes se règle sans agir), est monnaie courante, car confortable à court terme. Pourtant, le court terme est incompatible avec l'entreprise durable…

Alors la bonne question à se poser est peut-être de savoir pourquoi l'on n'a jamais pris le temps de réfléchir à la stratégie de son entreprise. Nous vous laissons le soin d'y répondre. Bonne réflexion…

Étape 1 – Avoir et rédiger la vision

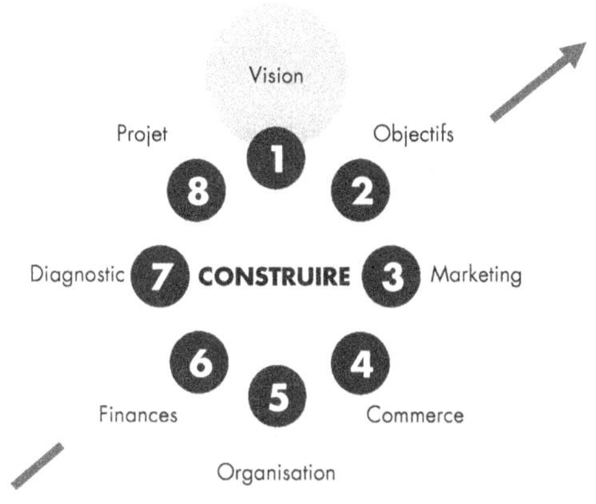

Les actions à mener

- Analyser les projets d'entreprise précédents.
- Prendre en compte les objectifs des actionnaires.
- Analyser l'historique et les valeurs.
- Écrire une première vision.
- Évaluer les bénéfices de la vision.

*Ne négligez pas cette étape, c'est la clé
de tout le développement !*

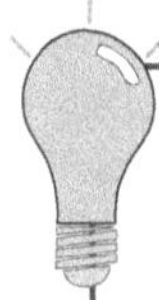

Analyser les projets d'entreprise précédents

— Reprenez les différents documents traçant les projets d'entreprise précédents.

— Interviewez ceux qui ont participé à ces projets.

— Listez les points forts et les points faibles.

— Faites la synthèse des éléments capitalisables.

— Déduisez-en des plans d'actions d'amélioration.

Prendre en compte les objectifs des actionnaires

— Rencontrez les actionnaires principaux.

— Expliquez-leur la démarche s'ils ne la connaissent pas.

— Prenez en compte leurs objectifs financiers et qualitatifs.

— Prenez en compte leurs objectifs organisationnels.

— N'acceptez pas les objectifs irréalistes.

— Prévenez que vous prenez en compte les objectifs, mais qu'ils nécessitent réflexion avant tout engagement.

Analyser l'historique et les valeurs

— Listez ou reprenez les grands points marquants de l'histoire de l'entreprise.

— Faites un historique de l'évolution de l'actionnariat.

— Mettez en évidence les points forts de l'histoire.

— Enquêtez sur la perception de l'image de l'entreprise auprès des clients et des collaborateurs.

— Listez les valeurs annoncées de l'entreprise.

— Listez les valeurs appliquées par l'entreprise.

Écrire une première vision

— Rédigez une première version de la vision.

— Communiquez cette première version à une personne extérieure à l'entreprise.

— Rédigez une seconde version.

Évaluer les bénéfices de la vision

— Évaluez les bénéfices de la vision pour les actionnaires, pour la direction, pour les collaborateurs.

Analyse des précédents projets d'entreprise				**FICHE 1**
Projets précédents	Objectifs principaux	Notation de 1(raté) à 5 (réussi)	Points forts	Points faibles
Plan du : au :				
Plan du : au :				
Plan du : au :				

Comment remplir cette fiche ?

– Récupérer les différents éléments s'avère difficile si l'on n'a pas directement participé à l'élaboration et au pilotage des projets précédents.

– N'hésitez pas à solliciter des collaborateurs pour obtenir les informations. Leur perception peut d'ailleurs présenter un intérêt supérieur à celle des dirigeants, car elle donne une vision de l'intérieur de l'entreprise.

– Récupérez les éventuels bilans. C'est souvent la meilleure façon de procéder dans un premier temps.

– Essayez d'être objectif dans l'analyse des différents projets en ne se focalisant pas uniquement sur les résultats quantitatifs (chiffre d'affaires, marge, etc.).

– Si possible, étudiez aussi les méthodes employées pour construire et piloter les projets précédents.

FICHE 2

Objectifs des actionnaires

Objectifs financiers
- Chiffre d'affaires :
- Résultat d'exploitation :
- Résultat net :

Objectifs qualitatifs
- Évolution générale de l'entreprise :

- Évolution des produits et services :

Objectifs structurels
- Évolution de l'organisation :

- Évolution des implantations :

Comment remplir cette fiche ?

— Récupérez les résultats des précédents projets et placez-les sur un graphique, notamment pour le chiffre d'affaires, le résultat d'exploitation et le résultat net.

— Comparez ces différents résultats à l'historique de l'entreprise pour mieux comprendre la corrélation entre les événements et les résultats.

— Demandez aux actionnaires comment ils imaginent les produits et services et l'organisation de l'entreprise à horizon trois ans.

— Vérifiez la cohérence entre les objectifs financiers annoncés et les objectifs en matière de produits et services et d'organisation.

— Ne prenez aucun engagement à ce stade, quels que soient les objectifs.

FICHE 3

Analyse de l'historique et des valeurs

Principaux événements de l'histoire de l'entreprise
- Date de création :
- Évolution majeure 1 :
- Évolution majeure 2 :
- Évolution majeure 3 :

Image de l'entreprise
- Image véhiculée en interne :

- Image véhiculée en externe :

Valeurs :
- Valeurs annoncées :

- Valeurs réellement appliquées :

Comment remplir cette fiche ?

— Reprenez l'histoire de l'entreprise depuis sa création en veillant à la précision sur les dix dernières années, qui correspondent aux trois précédents projets d'entreprise.

— Prenez en compte l'image que l'entreprise véhicule au niveau externe (clients et fournisseurs) et interne (cadres et collaborateurs) afin de mieux comprendre la perception du « système entreprise », au-delà de l'image officielle communiquée par les actionnaires.

— Reprenez les différents documents qui résument ou explicitent les valeurs de l'entreprise tout en listant les actions que l'entreprise a menées pour diffuser ces valeurs (plaquettes, formations, conférences, sponsoring, etc.).

— Menez ou récupérez les enquêtes sur les valeurs réellement appliquées dans l'entreprise (visions externe et interne).

FICHE 4

Écriture de la vision

Description de la vision de l'entreprise à trois ans

Bénéfices pour les actionnaires :

Bénéfices pour la direction :

Bénéfices pour les collaborateurs :

Comment remplir cette fiche ?

— Isolez-vous pour prendre en compte les fiches 1 à 3 et rédiger une première version de la vision sans vraiment réfléchir à ses conséquences (sur les ressources, la faisabilité, la viabilité).

— Affinez la vision pour la rendre la plus concrète possible, notamment en employant des mots simples et mobilisateurs.

— Testez cette vision en la communiquant à votre entourage et notamment à des personnes non impliquées dans l'entreprise. Cela permettra de valider la compréhension de la vision.

— Faites un tableau et indiquez les bénéfices (et les pertes) pour chaque acteur de l'entreprise et pour les actionnaires, en passant par les cadres et les collaborateurs.

— Écrivez une seconde version de la vision.

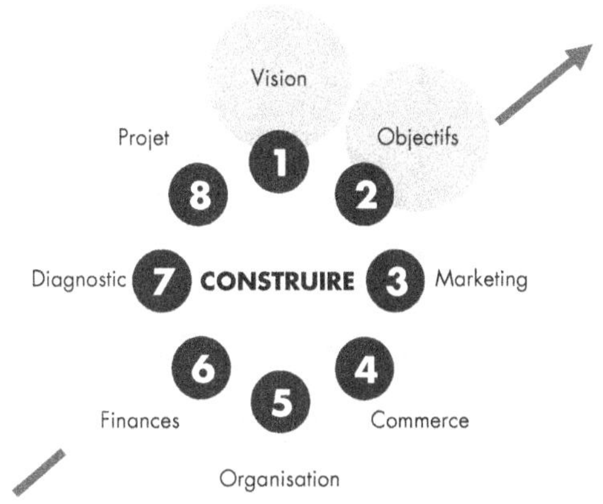

Fiches 5 et 6

Les actions à mener

Fixer les objectifs pour la direction générale.

Fixer les objectifs des directions fonctionnelles.

Fixer les objectifs des directions opérationnelles.

Vérifier la cohérence entre les objectifs.

Valider la cohérence avec la vision.

Ne considérez pas ces objectifs comme définitifs. Il est d'ailleurs risqué de communiquer sur ces données avant l'issue de la démarche globale.

Fixer les objectifs pour la direction générale

— Déterminez les « grands » chiffres servant de référence au pilotage du projet d'entreprise.

— Faites valider ces données en effectuant une consolidation par direction fonctionnelle et opérationnelle ou en travaillant directement avec les directions.

Fixer les objectifs des directions fonctionnelles

— Effectuez un découpage par grandes fonctions, si ce n'est pas déjà fait dans l'entreprise. Ce découpage est plus difficile dans une PME ou une TPE dans la mesure où les fonctions sont portées par une même personne.

— Demandez à chaque direction fonctionnelle les objectifs qu'elle peut atteindre.

Fixer les objectifs des directions opérationnelles

— Effectuez le découpage comme pour les directions fonctionnelles, si ce n'est pas déjà fait.

— Au sein d'une direction opérationnelle, effectuez si nécessaire un découpage par ligne de produits ou services.

— Faites évaluer les objectifs qui pourront être atteints.

Vérifier la cohérence entre les objectifs

— Replacez chaque objectif dans le même niveau de maillage afin qu'ils soient consolidables.

— Consolidez les différents objectifs avec les objectifs généraux.

— Vérifiez si les objectifs sont cohérents entre eux.

— Négociez les objectifs avec les directions s'ils ne sont pas réalistes ou s'avèrent trop bas.

Valider la cohérence avec la vision

— Déterminez si l'atteinte des objectifs permet finalement de réaliser la vision. Si ce n'est pas le cas, reconsidérez les objectifs ou réécrivez la vision.

— Vérifiez que la vision est plus mobilisatrice que chiffrable ; les objectifs éclairent factuellement la vision ; la vision et les objectifs se complètent pour comprendre quelle direction l'entreprise doit prendre.

FICHE 5

Écriture de la vision

Objectifs opérationnels de la direction générale :

Objectifs opérationnels de la direction des systèmes d'information :

Objectifs opérationnels de la direction comptabilité-finances :

Objectifs opérationnels de la direction des ressources humaines :

Objectifs opérationnels de la direction des achats et de la logistique :

Comment remplir cette fiche ?

Listez les objectifs et prévoyez des indicateurs chiffrés pour chaque objectif.

Faites participer les managers à la définition afin de les impliquer.

Pour les systèmes d'informations, déclinez ou faites décliner les objectifs en termes d'améliorations matérielles, logicielles, réseaux, systèmes, mais aussi de services rendus aux utilisateurs, etc.

Pour la comptabilité-finances, déclinez ou faites décliner des objectifs d'amélioration de la trésorerie et des délais de paiement, de fourniture des tableaux de bord aux directions, de rendement des placements financiers, etc.

Pour les ressources humaines, déclinez les objectifs en matière de formation par exemple ; en matière de négociation avec les fournisseurs pour les achats et la logistique.

> ### FICHE 6
>
> **Objectifs des directions opérationnelles**
>
> Objectifs opérationnels de la direction du marketing :
>
> Objectifs opérationnels de la direction commerciale :
>
> Objectifs opérationnels de la direction de la production :

Comment remplir cette fiche ?

— Listez les objectifs et prévoyez des indicateurs chiffrés pour chaque objectif.

— Pour la direction du marketing, fixez des objectifs en termes de lancement de produits, de campagne marketing, d'image de l'entreprise, d'outils de marketing à déployer.

— Pour la direction commerciale, le plus simple consiste à prévoir des indicateurs de chiffres d'affaires. Cependant, les objectifs doivent aussi être corrélés avec la marge brute.

— Pour les directions de la production, il peut s'agir d'objectifs en termes de gain de temps sur les cycles de production, d'amélioration de l'outil de production, de montée en compétences des acteurs, etc.

— Pensez à impliquer les managers dans la rédaction des objectifs.

Étape 3 – Analyser les produits, les services, les clients

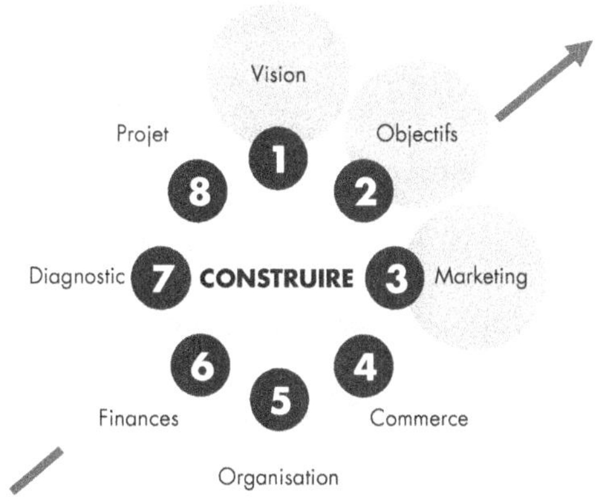

- Dirigeant
- Consultant
- Manager

Fiches 7 à 10

Les actions à mener

- Faire un état des lieux de l'existant des produits et services.
- Analyser les produits et les services.
- Hiérarchiser les produits et les services.
- Faire un état des lieux des clients.
- Vérifier la cohérence de l'ensemble.

L'entreprise ne vit que grâce à ses clients.
Même si ceux-ci ne sont que des usagers,
ils auront le dernier mot.

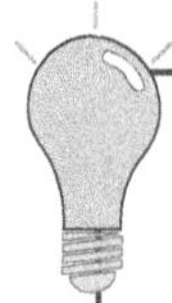

Faire un état des lieux de l'existant des produits et services

— Listez les différents produits et services commercialisés ou offerts par l'entreprise.

— Pensez aux produits qui ne sont que des « prétextes » pour proposer des services attractifs aux clients.

— Soyez exhaustif, enquêtez auprès des clients si nécessaire.

Analyser les produits et les services

— Segmentez les produits et services pour les classifier sous divers critères (obsolescence, rentabilité, image, etc.).

— Faites vous aider par un spécialiste du marketing si nécessaire.

Hiérarchisez les produits et les services

— Placez les produits et services dans le temps (dans un calendrier avec leur cycle de vie) et classez-les en fonction de leur importance (adéquation avec les orientations stratégiques futures).

Faire un état des lieux des clients

— Travaillez sur la segmentation des clients *via* une analyse fine en vous appuyant sur un maximum de critères (chiffre d'affaires, secteur géographique, comportement d'achat, etc.).

— Étudiez si nécessaire les clients de la concurrence et comparez les résultats avec ceux de votre entreprise.

Vérifier la cohérence de l'ensemble

— Vérifiez l'adéquation entre les besoins de vos clients (et prospects) et les produits et services que vous leur proposez.

— Mettez en perspective ces éléments avec ceux de la concurrence directe.

— Rédigez les conclusions.

FICHE 7

État des lieux des produits et services

Produit	Services associés	CA annuel	% du CA total	Marge brute moyenne	Date de début de vie	Date de fin de vie

Comment remplir cette fiche ?

— Complétez ce tableau par d'autres rubriques si nécessaire pour obtenir une analyse plus fine ou plus complète.

— Reprenez les données fournies par la comptabilité analytique ou préparez pour le prochain exercice fiscal les éléments permettant un pilotage plus fin des éléments de ventilation comptable.

— Analysez les cycles de vie des différents produits et services et précisez-les dans les dates de début et de fin de vie.

— Pensez aux services associés à chaque produit. Si besoin, décomposez les produits complexes en sous-produits pour ne rien oublier et éventuellement pouvoir modifier l'offre.

— Décomposez tout ce qui s'apparente au « package » pour obtenir une analyse par élément.

Analyse des produits et des services   **FICHE 8**

Produit - service	Les « plus » clients	Les « moins » clients	Les axes d'amélioration

---

Comment remplir cette fiche ?

— Si nécessaire, organisez une enquête client ponctuelle, ou prévoyez à l'avenir un système de mesure récurrent de la satisfaction client pour obtenir des indicateurs pour le prochain projet d'entreprise.

— Comparez la satisfaction des clients avec celle de la concurrence pour faciliter la découverte des axes d'amélioration.

— Impliquez les collaborateurs dans la recherche des axes d'amélioration, même s'ils ont des approches techniques. On peut ainsi corréler les propositions avec les demandes clients.

— Faites une analyse des prospects qui ne sont pas devenus clients et demandez-vous ce qu'il faudrait améliorer en termes de produits et services pour qu'ils achètent à l'entreprise (qualité, prix, délais, etc.).

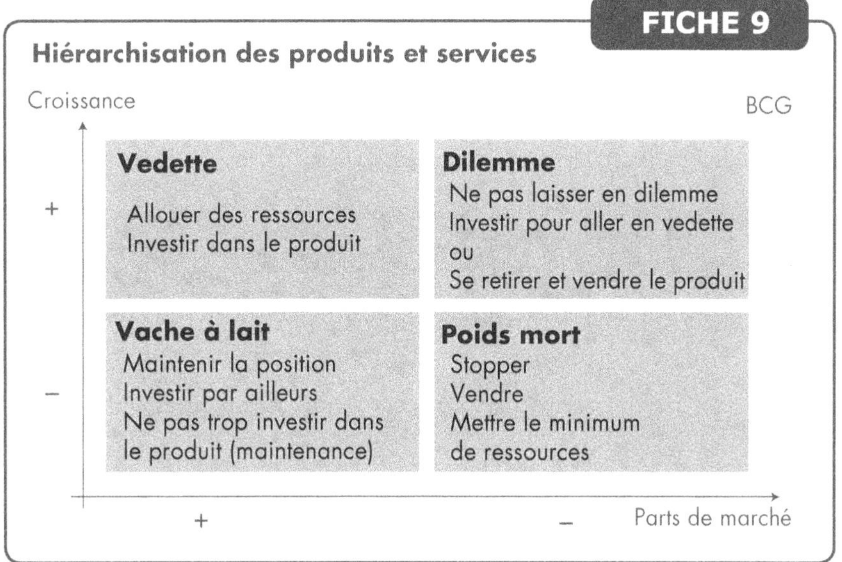

Comment remplir cette fiche ?

- Les produits « vedette » apportant une forte valeur ajoutée à l'entreprise, confortez ces produits sur le marché afin qu'ils se muent en « vaches à lait ».

- Investissez pour que les produits « dilemme » passent en « vedette » ou en « vache à lait ». En effet, ces produits enregistrent une forte croissance, mais une rentabilité médiocre.

- Abandonnez les produits dont les parts de marché diminuent et la croissance faiblit.

- Maintenez si possible les vaches à lait au même niveau.

- Ventilez les produits et services dans la matrice et décidez des évolutions en fonction de leur positionnement.

Analyse des clients

- Liste des types de clients
  - —
  - —
  - —

Type de client	Liste des produits consommés	Produits qui devraient être consommés	Pourquoi certains produits ne sont pas consommés

Comment remplir cette fiche ?

— Reprenez la liste des clients des trois dernières activités et assurez-vous qu'elle est à jour.

— Classez les clients par chiffre d'affaires et par secteur géographique par exemple (vous pouvez utiliser d'autres critères en les recoupant avec les critères utilisés dans l'analyse des produits et services).

— Croisez ce tableau avec les typologies de produits et services les plus consommés.

— Faites une analyse pour savoir pourquoi certains produits ne sont pas consommés par ces clients.

— Listez les axes d'amélioration pour élargir la consommation de ces clients.

— N'oubliez pas que le fichier client est la première richesse de l'entreprise, bien avant les prospects.

Étape 4 – Analyser les modes de commercialisation

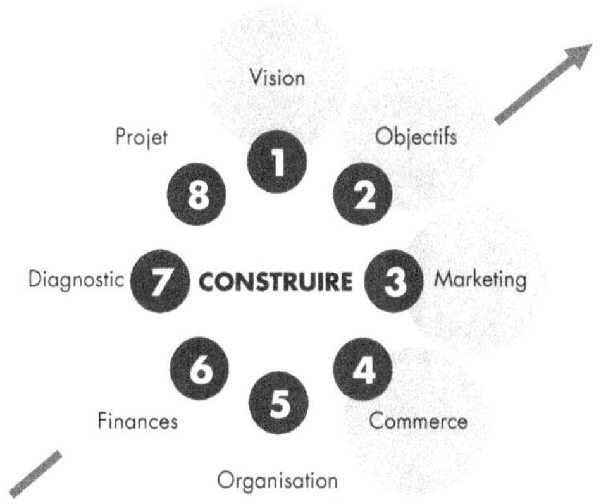

Les actions à mener

- Lister et analyser les principaux fournisseurs.
- Analyser le processus de prospection.
- Analyser le processus de vente.
- Analyser la concurrence.
- Vérifier la cohérence des éléments.

Essentiel, car il assure la longévité de l'entreprise, le processus de vente doit être fiable, évolutif et innovant, surtout si les produits et services fournis sont fortement concurrencés.

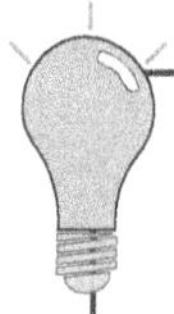

Lister et analyser les principaux fournisseurs

— Listez les fournisseurs et les sous-traitants.
— Placez des critères en face de chaque fournisseur (chiffre d'affaires, niveau de fiabilité, localisation géographique, niveau de relation, etc.).
— Considérez-les comme des partenaires et faites votre analyse dans ce sens.

Analyser le processus de prospection

— Listez les processus employés pour contacter les prospects (mailing, réseau relationnel, presse, salons, etc.).
— Analysez l'efficacité de chaque process (comparez le résultat à l'effort fourni).
— Analysez les résultats en segmentant les prospects entre eux.

Analyser le processus de vente

— Listez les processus employés pour contacter vos clients (mailing, réseau relationnel, presse, salons, etc.).
— Analysez l'efficacité de chaque process (comparez le résultat à l'effort fourni).
— Analysez les processus communs aux clients et aux prospects.

Analyser la concurrence

— Listez tous les concurrents.
— Réorganisez cette liste entre les concurrents directs et ceux qui empiètent en partie sur votre territoire commercial (géographique, produits et services).
— Analysez leurs données financières et si possible interrogez leurs clients
— Classifiez vos concurrents du plus « dangereux » au moins « dangereux ».
— Pour les plus « dangereux », demandez-vous ce qu'ils offrent de plus que votre entreprise.

Vérifier la cohérence des éléments

— Mettez tous les éléments analysés en perspective et rédigez les conclusions et les axes d'amélioration.

FICHE 11

Analyse des clients

- Liste des fournisseurs actuels
  - –
  - –
  - –

Fournisseur	Type de produits ou de services fournis	Points à améliorer

---

Comment remplir cette fiche ?

Listez tous les fournisseurs qui ont travaillé pour vous pendant les trois dernières années.

Classez-les par chiffre d'affaires ainsi qu'en utilisant tous les critères que vous souhaitez et qui semblent significatifs.

Croisez les fournisseurs avec les produits ou services. Les fournisseurs pouvant livrer des produits finis vendus directement aux clients, ou des produits à valoriser ou à assembler, faites le tri entre ces types de produits.

Analysez chaque fournisseur en fonction de ses points forts et de ses points faibles et établissez un classement à partir de ces critères.

Analysez la valeur ajoutée apportée par chaque fournisseur.

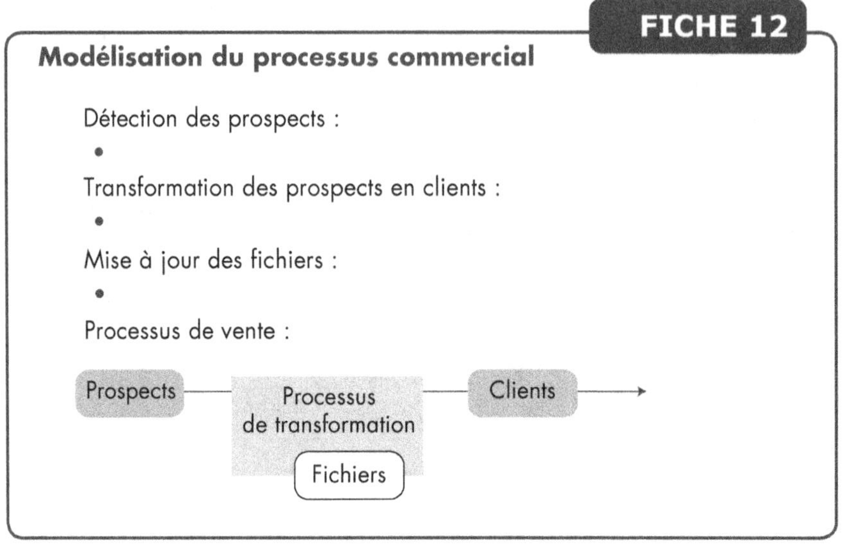

Comment remplir cette fiche ?

— Dessinez le processus complet de vente en partant des démarches pour détecter les prospects, du processus pour transformer les prospects en clients, puis de l'enrichissement du ou des fichier(s) clients.

— Décrivez ce processus graphiquement et placez-y des indicateurs chiffrés (taux de transformation, type de prospects touchés, chiffre d'affaires généré par les démarches, etc.).

— Comparez le processus modélisé avec celui des concurrents après avoir modélisé le processus concurrentiel.

— Dans vos comparaisons, ne focalisez pas votre attention sur le seul secteur d'activité, d'autres processus de secteurs très éloignés peuvent être intéressants à analyser et à comparer.

Analyse du processus commercial

FICHE 13

Menaces	Forces
Opportunités	Faiblesses

Comment remplir cette fiche ?

Après avoir analysé le processus de vente, dégagez-en les forces et les faiblesses.

Ne vous contentez pas des forces et des faiblesses principales, détaillez l'analyse en allant au fond des choses.

Analysez tout ce qui pourrait dégrader votre processus commercial et qui viendrait de l'extérieur du périmètre de l'entreprise (concurrence, nouvelles procédures réglementaires, difficultés de recrutement de commerciaux du secteur, etc.).

Analysez tout ce qui pourrait améliorer votre processus commercial, qui viendrait de l'extérieur de l'entreprise (nouvelles obligations réglementaires, nature écologique de vos produits et services, etc.).

FICHE 14

Analyse de la concurrence

- Liste des concurrents
  - –
  - –
  - –

Concurrent	Taille et CA	Produits et services identiques	Produits et services supplémentaires	Forces	Faiblesses

Comment remplir cette fiche ?

— Travaillez en détail l'analyse de vos concurrents directs, en examinant leur chiffre d'affaires, leur taille, leur implantation géographique, leurs modes de commercialisation, leur image, les valeurs qu'ils véhiculent, etc.

— Comparez leur offre avec la vôtre en n'oubliant pas la valeur ajoutée indirecte qu'ils peuvent apporter grâce à leur image par exemple.

— Travaillez aussi sur des concurrents indirects, qui ne sont pas réellement sur votre marché, ou dont ce n'est pas le métier principal, mais qui réussissent à vendre des produits et services concurrents.

— Analysez les concurrents qui emploient des voies de commercialisations très différentes de votre entreprise (Internet par exemple) ou sont implantés à l'étranger.

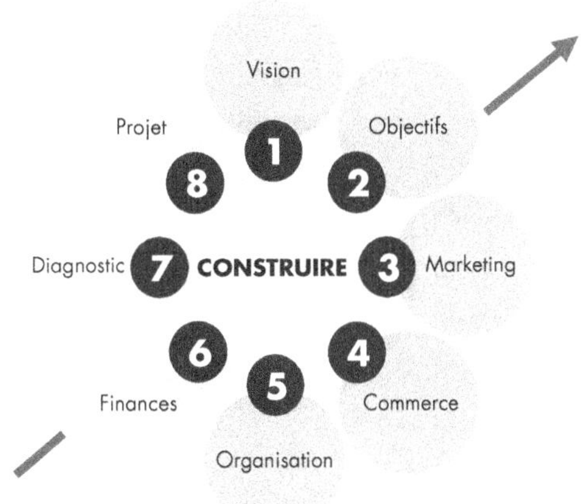

Les actions à mener

- Analyser les organigrammes.
- Analyser les processus.
- Analyser les moyens.
- Analyser les modes de management.
- Analyser les relations et la motivation.

Parent pauvre de l'analyse stratégique, l'organisation est délaissée au profit du commerce, du marketing et des finances. Pourtant, l'organisation apporte les fondations du système entreprise, ce qui va assurer la pérennité.

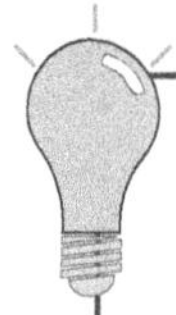

Analyser les organigrammes

— Si ce n'est pas déjà fait, dessinez les organigrammes hiérarchiques ; si c'est fait, vérifiez qu'ils sont à jour.

— Si ce n'est pas déjà fait, dessinez les organigrammes fonctionnels ; si c'est fait, vérifiez qu'ils sont à jour.

— Superposez les organigrammes fonctionnels et hiérarchiques et analysez ce que vous voyez (zones de recouvrement, niveau de polyvalence, zones de risques, etc.).

Analyser les processus

— Listez les différents processus fonctionnels (de gestion) et opérationnels (sur le métier de l'entreprise).

— Au besoin, dessinez les différents processus avec leur séquencement de manière macroscopique.

— Regardez qui est responsable de chaque processus.

Analyser les moyens

— Listez tous les moyens dont dispose l'entreprise (machines, locaux, outils logiciels, outils spécifiques au métier).

— Classez ces différents moyens en fonction de leur niveau d'obsolescence.

Analyser les modes de management

— Listez les modes de management de la direction générale.

— Listez les modes de management des cadres.

— Vérifiez la cohérence des modes de management.

— Dégagez une tendance générale.

— Si nécessaire, faites vous aider par un spécialiste en ressources humaines pour mettre en œuvre les différents outils.

Analyser les relations et la motivation

— Dessinez le sociogramme service par service (pas plus de dix personnes par sociogramme).

— Faites ensuite un sociogramme global.

— Listez les facteurs de motivation de tous les collaborateurs.

— Dégagez les grandes tendances et rédigez les conclusions.

> **FICHE 15**
>
> **Analyse des organigrammes**

Comment remplir cette fiche ?

— Reprenez l'organigramme hiérarchique de l'entreprise et vérifiez qu'il est à jour. S'il n'existe pas, dessinez-le. Si l'entreprise est de très grande taille, faites un organigramme macro puis déclinez-le par site, direction ou filiale.

— Listez toutes les fonctions remplies (commercial, marketing, comptabilité, finances, logistique, achats, ressources humaines, opérations, etc.).

— Superposez les fonctions sur l'organigramme hiérarchique et vérifiez les zones de recouvrement et de polyvalence.

— Imaginez ce qu'il faudrait modifier dans l'organigramme hiérarchique ou fonctionnel afin d'améliorer l'organisation en vue d'atteindre les objectifs.

— Soyez créatif ; ne vous privez de rien, cela n'engage à rien à ce stade.

> **FICHE 16**
>
> **Analyse des processus**
>
> **Direction générale**
>
> - Processus RH :
>   - —
> - Processus achat :
>   - —
> - Processus système informatique :
>   - —
> - Processus finances :
>   - —
>
> **Direction opérationnelle**
>
> - Processus marketing :
>   - —
> - Processus commercial :
>   - —
> - Processus de production :
>   - —

Comment remplir cette fiche ?

— Pour chaque processus, décrivez les grandes étapes en restant « macro » afin d'en faciliter la lisibilité.

— Détaillez uniquement les étapes qui nécessitent d'être analysées finement, parce qu'il s'agit de particularités de l'entreprise. Pour ce qui est standard, restez « macro ».

— Au besoin, faites un dessin encore plus transversal et plus macroscopique pour montrer l'interconnexion entre les différents processus.

— Combinez si nécessaire cette analyse avec un tableau de répartition des tâches (TRT), qui permet d'analyser notamment les charges de travail de chaque ressource impliquée dans le processus.

— Faites un tableau de synthèse avec les points forts et les points faibles.

> **FICHE 17**
>
> **Analyse des ressources matérielles**
>
> * Bâtiments :
>   -
>   -
>   -
>
> * Machines :
>   -
>   -
>   -
>
> * Système informatique :
>   -
>   -
>   -
>
> * Ameublement :
>   -
>   -
>   -
>
> * Véhicules :
>   -
>   -
>   -

Comment remplir cette fiche ?

- Dressez une liste exhaustive de tous les moyens dont dispose l'entreprise pour assurer son activité.

- Listez tout ce qui n'est pas utilisé et qui pourrait être vendu ou donné afin de limiter les coûts de maintenance ou d'assurance, voire d'immobilisation.

- Faites un tableau des matériels à remplacer, puis placez ces éléments dans un grand planning, par exemple pour déterminer les investissements nécessaires dans le cadre du projet d'entreprise.

- Imaginez les matériels nécessaires et porteurs de valeur ajoutée dans le cadre des objectifs à atteindre.

- Chiffrez les ressources financières à rassembler pour acquérir et mettre en service les nouveaux équipements (sans oublier le temps passé nécessaire à ce déploiement).

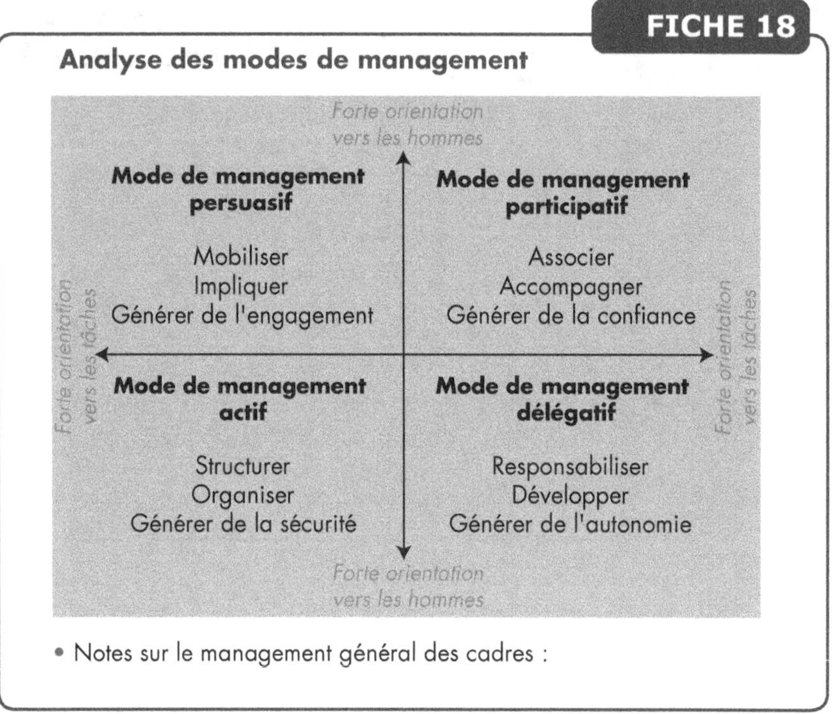

Comment remplir cette fiche ?

— Analysez votre propre mode de management, si nécessaire accompagné par un consultant externe.

— Analysez les modes de management des directeurs et des cadres principaux et entrez-les dans la grille avec des initiales.

— Observez le nuage de points correspondant au management de chacun pour en dégager la tendance générale de l'entreprise.

— Imaginez les évolutions nécessaires en termes de management pour atteindre les objectifs du projet d'entreprise, ou revoyez les objectifs si l'évolution des pratiques semble insurmontable.

— Listez les tâches nécessaires pour améliorer les modes de management (formation, coaching, etc.).

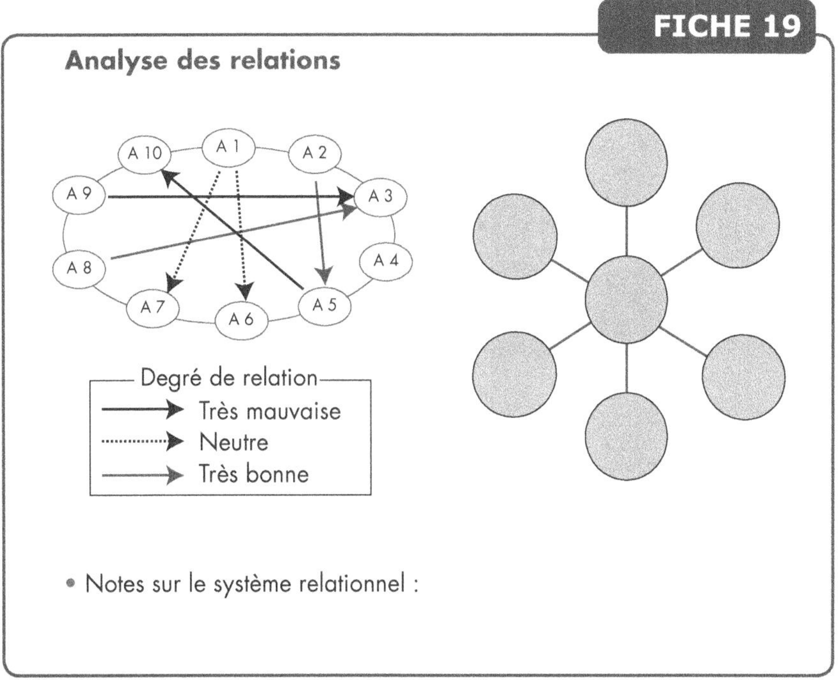

Comment remplir cette fiche ?

— Pour chaque service, faites dessiner le sociogramme par les chefs de service, voire les différents acteurs eux-mêmes s'ils sont prêts pour ce type de démarche.

— Indiquez les interrelations entre les acteurs en leur demandant comment ils collaborent avec Untel ou Unetelle.

— Graduez les niveaux de relation en cinq étages : ++ très bons ; + bons ; 0 sans relation ; - mauvaise ; - - très mauvaise.

— Essayez d'identifier les personnes centrales ou clés sur le plan relationnel et mettez en perspective ces qualités relationnelles avec leurs qualités professionnelles.

— Listez tout ce qui pourrait être déployé pour améliorer le système relationnel et chiffrez les coûts liés à ces améliorations.

FICHE 20

Analyse de la motivation

Rémunération, localisation géographique, ambiance de travail générale, attachement aux produits et aux services, potentiel d'apprentissage, stabilité de l'entreprise, conditions de travail, effort à produire, potentiels de carrière, adéquation avec la vie privée, partage des valeurs, partage des objectifs, attachement aux dirigeants, résignation...

Nom ou Service	Motivations	Remarques

• Notes sur le système de motivation :

Comment remplir cette fiche ?

— Enquêtez auprès du personnel pour connaître les facteurs de motivation de chacun. Précisez que cette enquête sera anonyme.

— Basez-vous sur la liste jointe dans l'outil tout en laissant chacun libre d'indiquer d'autres facteurs de motivation que ceux listés.

— Classez les facteurs de motivation du plus fréquent au moins fréquent et dégagez la tendance générale.

— Vérifiez l'adéquation des facteurs de motivation avec les objectifs à atteindre : sont-ils compatibles ?

— Listez tous les points d'amélioration de la motivation et chiffrez la mise en œuvre de ces moyens.

— Vérifiez le décalage éventuel avec les valeurs et l'image.

Étape 6 – Analyser les finances

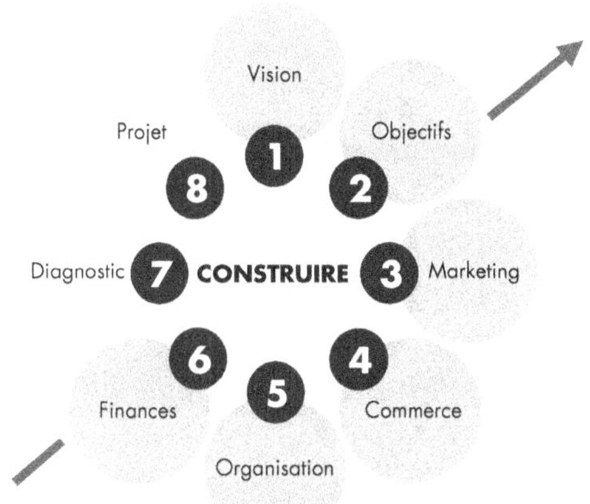

Les actions à mener

- Définir les charges de travail internes.
- Répartir les charges entre les collaborateurs.
- Lister les investissements.
- Consolider les charges et les coûts.
- Faire des arbitrages sur les projets à mener.

La sous-évaluation des charges de travail nécessaires à la mise en œuvre d'un développement conduit soit à l'échec du développement soit à une dégradation de la qualité de la production.

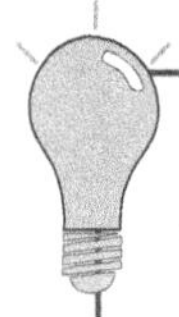

Définir les charges de travail internes

— Mesurez les charges de travail par collaborateur en les ventilant par grande activité.

— Consolidez ces données par service ou par direction afin d'obtenir une vue globale.

— Découpez les charges par processus si l'entreprise est organisée suivant ce mode.

— Travaillez sur la base du déclaratif et recoupez les informations entre elles pour en vérifier la cohérence.

Répartir les charges entre les collaborateurs

— Analysez les charges dépensées pour déterminer ce qui est le plus rentable et ce qui pourrait être supprimé (car jugé non rentable).

— Dressez un tableau des ressources libérées pour déployer le projet d'entreprise.

Lister les investissements

— Listez les investissements nécessaires à la mise en œuvre du projet d'entreprise.

— Valorisez les investissements nécessaires.

— Vérifiez les disponibilités financières de l'entreprise.

— Faites-vous aider par des financiers si nécessaire.

Consolider les charges et les coûts

— Consolidez les différents éléments listés dans les différents projets.

— Évaluez le coût de chaque projet en n'oubliant pas de valoriser les charges internes, car la mobilisation des collaborateurs sur un projet peut nuire à autre chose, par exemple la production.

Faire des arbitrages sur les projets à mener

— Calculez le retour sur investissement de chaque projet.

— Hiérarchisez les projets entre eux en fonction de leur apport au projet d'entreprise.

— Ne surchargez pas l'entreprise de projets impossibles à mener ; gardez des marges de manœuvre.

FICHE 21

Définir les charges internes

Collaborateurs Service X	Activité 1	Activité 2	Activité 3	Activité 4	Activité 5	Total charge	% dispo

Collaborateurs Service Y	Activité 1	Activité 2	Activité 3	Activité 4	Activité 5	Total charge	% dispo

Comment remplir cette fiche ?

— À partir du travail mené sur les processus, ventilez acteur par acteur la charge de travail de chacun en fonction de leurs différentes activités.

— Vérifiez l'éventuelle disponibilité de certains collaborateurs en vous méfiant des évaluations tendant à indiquer que tout le monde est surchargé. Il faut travailler sur les tâches à valeur ajoutée et supprimer les autres.

— Faites une première évaluation des charges disponibles par type de compétence et comparez-la avec les projets à déployer dans le projet d'entreprise.

— Évaluez les ressources nécessaires à mobiliser (embauche, intérim, sous-traitance, etc.) pour réaliser les projets prévus et valorisez-les en termes de ressources financières.

FICHE 22

Évaluer les charges et les coûts

Nom du projet	Charge	Valorisation	Investissement	Coût total

Comment remplir cette fiche ?

— Reprenez la liste des projets du plan, c'est-à-dire ceux qui émanent des objectifs généraux, de la vision.

— Pour chaque projet, évaluez la charge, les investissements et les coûts associés en valorisant la totalité des ressources nécessaires.

— Faites un parallèle avec les ressources disponibles afin d'identifier les projets sans difficultés apparentes et ceux nécessitant des moyens financiers importants non disponibles.

— Faites éventuellement un premier arbitrage sur les projets qui semblent totalement irréalistes par rapport aux ressources que l'entreprise peut mettre en œuvre.

— Ne vous éloignez pas de la liste des projets essentiels au développement, même s'ils sont coûteux.

Étape 7 – Faire le diagnostic

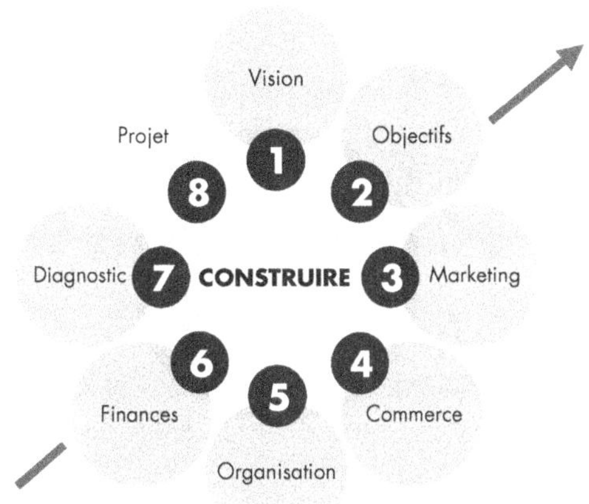

Les actions à mener

- Mettre en perspective les différentes analyses.
- Définir les points forts et les points faibles.
- Rédiger le diagnostic
- Définir les axes de progression.
- Revoir la vision et les objectifs associés.

Cette étape est difficile, car elle nécessite de mettre en perspective des éléments d'analyse de nature très différente. Le recul nécessaire à cette phase peut nécessiter un accompagnement extérieur.

Mettre en perspective les différentes analyses

- Rassemblez toutes les synthèses sur une table.
- Si c'est trop complet, ne posez que vos conclusions.
- Essayez d'établir les liens de cause à effet entre tous les éléments analysés.
- Travaillez à plusieurs si possible et laissez chacun s'exprimer.

Définir les points forts et les points faibles

- Pour chaque rubrique, indiquez ce qui va et ce qui ne va pas.
- Placez tous ces éléments dans un tableau.
- Menez une analyse plus détaillée si nécessaire, en indiquant des niveaux de force et de faiblesse sur cinq niveaux, par exemple.

Rédiger le diagnostic

- Listez tout ce qui pourrait empêcher d'atteindre les objectifs généraux du projet d'entreprise.
- Commencez par exemple par la phrase « Les "maladies" de l'entreprise qui doivent être guéries sont… ».
- Restez synthétique dans la rédaction du diagnostic (quelques lignes). Tout le détail se trouve dans les analyses détaillées précédentes, inutile donc de les réécrire.
- Communiquez si vous le jugez nécessaire sur le diagnostic.

Définir les axes de progression

- En face de chaque « maladie », listez tout ce qu'il faudrait faire pour les « guérir ».
- Essayer d'évaluer le coût de chaque remède à l'entreprise.
- Hiérarchisez les remèdes en fonction de leur contribution au projet d'entreprise.
- Utilisez au besoin une démarche participative pour lister les remèdes.

Revoir la vision et les objectifs associés

- Redéfinissez les objectifs généraux si nécessaire.
- Réécrivez la vision si nécessaire.

FICHE 23

Définir les points forts et les points faibles

Thématique	Niveau de qualité par rapport aux objectifs					Remarques
	1	2	3	4	5	
Métier						
Valeurs						
Produits						
Services						
Clients						
Prospects						
Fournisseurs						
Concurrents						
Structures						
Fonctions						
Processus						
Matériel						
Management						
Relations						
Motivations						
Compétences						
Finances						

Comment remplir cette fiche ?

Évaluez pour chaque rubrique le niveau de qualité par rapport aux objectifs à atteindre. Attention, il faut être en projection et non pas dans l'analyse de l'existant. Soyez critique, car ce tableau va déterminer les grandes « maladies » et les points d'amélioration.

Faites-vous aider par les spécialistes de chaque domaine. Cependant, il est utile de faire d'abord soi-même une première évaluation (un premier tableau), puis la comparer avec celle des spécialistes.

Classez les points sur un mode décroissant, du plus performant au moins performant.

Si cela n'est pas trop compliqué et que vous avez les données, faites de même pour les concurrents directs pour comparer les niveaux de performance (action difficile à réaliser et très subjective).

Mettre en perspective les différentes analyses

Rappel de la première vision :

- Rappel des objectifs généraux à atteindre :
  - —
  - —
  - —

Thématique	Existant	Objectifs à atteindre	Ce qu'il faut faire pour les atteindre
Marketing			
Commerce			
Organisation			
Finances			

Comment remplir cette fiche ?

— Vérifiez que les rubriques sont conformes au découpage adéquat pour votre entreprise ; supprimez ou ajoutez des rubriques si nécessaire.

— Rédigez en quelques mots simples l'état de l'existant en synthétisant les analyses menées dans tous les outils et dans la fiche 23.

— Listez les objectifs de chaque thématique en reprenant les objectifs déclinés de la vision.

— Listez toutes les actions d'amélioration à lancer pour atteindre les objectifs et vérifiez l'adéquation avec les objectifs généraux.

— Faites une première synthèse et exprimez par écrit votre sentiment par rapport ce que vous souhaitiez atteindre et ce qu'il va être finalement possible de déployer.

FICHE 25

Rédiger le diagnostic

Les principaux handicaps de l'entreprise pour atteindre les objectifs :

Liste hiérarchisée des problèmes à régler
1. –
2. –
3. –
4. –

Forces	Opportunités
Faiblesses	Menaces

Comment remplir cette fiche ?

— Listez les problèmes prioritaires à régler pour mettre en œuvre le projet d'entreprise tel que vous l'avez imaginé.

— Déterminez les grandes forces de votre société pour déployer le projet d'entreprise.

— Déterminez les grandes faiblesses de votre société pour mener à bien le projet d'entreprise.

— Évaluez les opportunités dont dispose l'entreprise dans son environnement pour mener à bien le projet (tout ce qui viendrait de l'extérieur et qui pourrait « booster » le plan).

— Évaluez les menaces que pourrait subir l'entreprise et qui pourraient freiner la mise en œuvre du projet.

— Communiquez ce diagnostic aux managers, échangez avec eux pour améliorer la justesse du diagnostic.

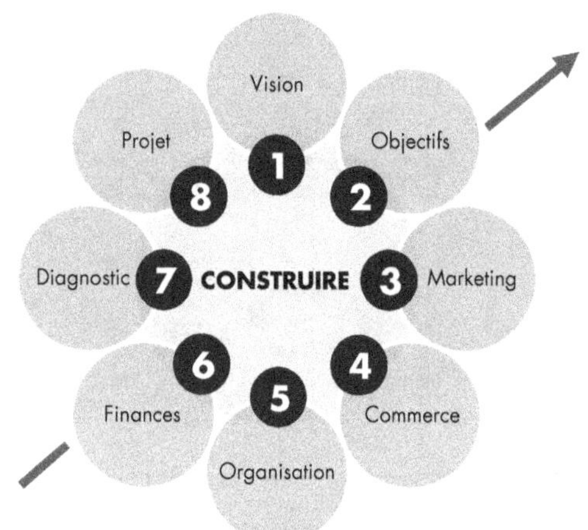

- Dirigeant
- Consultant

Fiches 26 et 27

Les actions à mener

— Réécrire la vision si nécessaire.

— Décliner la vision en objectifs généraux.

— Construire le plan organisationnel et financier.

— Construire le plan marketing et commercial.

— Communiquer le projet d'entreprise.

Le projet d'entreprise est le prolongement du diagnostic et la traduction opérationnelle de la vision. En l'écrivant, il faut surtout penser à ceux qui vont le lire et l'utiliser.

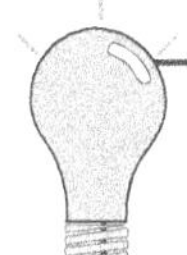

Réécrire la vision si nécessaire

Rédigez une dernière version de la vision et communiquez-la à une personne extérieure à l'entreprise pour savoir ce qu'elle comprend de cette vision.

Testez la communication de cette vision auprès d'un collaborateur qui n'a pas participé à l'analyse en lui demandant de respecter la confidentialité jusqu'à la communication officielle.

Décliner la vision en objectifs généraux

Vérifiez la cohérence de la vision avec les objectifs généraux.

Rendez ces objectifs généraux communicables en les simplifiant si nécessaire : ils doivent être facilement compris par tous.

Construire le plan organisationnel et financier

Listez tous les projets qui contribueront à améliorer l'organisation et définissez les ressources financières nécessaires.

Ordonnancez ces projets dans le temps et faites-en un graphique (planning).

Construire le plan marketing et commercial

Listez tous les projets qui contribueront à améliorer le marketing et le commercial et définissez les ressources financières nécessaires.

Ordonnancez ces projets dans le temps et faites-en un graphique (planning).

Communiquer le projet d'entreprise

Rédigez le document final en vous appuyant sur les outils employés pour représenter le projet d'entreprise et notamment les plannings.

Organisez une réunion de présentation du projet d'entreprise où tous les collaborateurs se rendront en même temps si possible.

Répondez immédiatement aux différentes questions afin d'éviter toute ambiguïté et les bruits de couloir.

FICHE 26

Réécrire la vision

Vision après diagnostic :

- Objectifs généraux à atteindre :
  -
  -
  -
  -

- Formulation de la vision
  -

- Pourquoi cette vision est-elle mobilisatrice ?
  - pour les actionnaires
  - pour la direction générale
  - pour les managers
  - pour les collaborateurs
  - pour les clients
  - pour les fournisseurs

Comment remplir cette fiche ?

— Rédigez la vision définitive et faites valider sa formulation et sa clarté par des proches (famille, amis) non impliqués dans votre activité et qui respecteront la confidentialité.

— Listez les objectifs généraux à atteindre. Ils peuvent être transversaux ou déjà déclinés par thématique (marketing, commercial, finances, production, etc.) et parfaitement clairs pour faire l'objet d'une communication.

— Travaillez sur les avantages de la vision pour tous les collaborateurs qui contribuent à l'activité de l'entreprise par catégorie, comme indiqué dans la fiche ci-dessus.

— Rédigez votre communication en commençant par les avantages apportés par l'atteinte des objectifs généraux. Ainsi, vous apporterez à chacun un point d'accroche par rapport à ses besoins.

— Concluez par la formulation répétée de la vision.

FICHE 27

Préparer le projet d'entreprise

Thèmes	Liste des projets	Responsables des projets	Commentaires
Organisation	• • •	• • •	• • •
Marketing	• • •	• • •	• • •
Commercial	• • •	• • •	• • •
Finances	• • •	• • •	• • •
Autres	• • •	• • •	• • •

Comment remplir cette fiche ?

— Reprenez les objectifs généraux et les projets non modifiés et placez-les dans le tableau par grande rubrique.

— Reformulez les projets modifiés et ceux à ajouter et placez-les dans le tableau.

— Affectez des chefs de projet à chaque projet et préparez un planning général consolidé qui offrira une vue globale de l'enchaînement des projets entre eux.

— Rédigez ou faites rédiger pour chaque projet une fiche projet de description de ce dernier (but, objectifs propres, ressources globales nécessaires, risques, acteurs du projet).

— Faites compléter chaque fiche projet par une note de cadrage rédigée par le chef de projet, puis validez-la.

Étape 9 – Piloter le projet d'entreprise

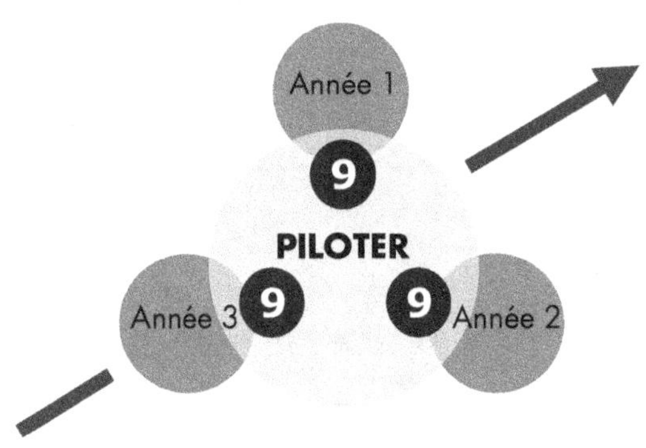

- Manager
- Dirigeant

Fiches 28 et 29

Les actions à mener

— Définir les tableaux de bord de pilotage.

— Décliner le plan tactique.

— Organiser les réunions mensuelles.

— Organiser les réunions semestrielles.

— Faire le bilan du plan tactique.

Rigueur, discipline et organisation sont la seule solution pour tenir la distance et ne pas s'essouffler. Celui qui n'anticipe pas en pilotant son projet d'entreprise, via des tableaux de bord simples, subira les événements et n'atteindra pas les objectifs initiaux.

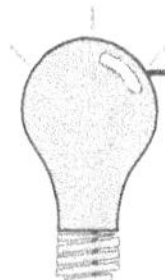

Définir les tableaux de bord de pilotage

Construisez des tableaux de bord simples et lisibles par tous ; limitez le nombre d'items suivis.

Testez les tableaux de bord sur un mois avant de les mettre en service définitivement.

Prévoyez un système simple de consolidation au niveau trimestriel, semestriel, annuel et tous les trois ans.

Décliner le plan tactique

Rédigez le plan tactique chaque année en déclinant les objectifs éventuellement réactualisés d'une année sur l'autre.

Laissez les managers décliner le projet d'entreprise en plan tactique détaillé pour le périmètre qui les concerne. Cela les impliquera d'autant plus dans la réalisation des objectifs.

Organiser les réunions mensuelles

Organisez des réunions mensuelles de pilotage du plan tactique avec les principaux managers.

Demandez-leur de préparer leurs documents deux à trois jours avant afin qu'ils vous les communiquent.

Organiser les réunions semestrielles

Organisez des réunions semestrielles qui permettront de rééquilibrer le projet d'entreprise. Si cette périodicité est impossible, faites-le au moins une fois par an.

Lors de ces réunions, prévoyez des consolidations pour les objectifs généraux avec les objectifs réellement atteints.

Ne vous contentez pas d'indicateurs financiers : ils doivent être complétés par des indicateurs qualitatifs.

Faire le bilan du plan tactique

Faites le bilan du plan tactique à chaque fin d'année, soit deux fois pour un projet d'entreprise construit sur trois ans.

Rectifiez le projet d'entreprise et le document associé en fonction des bilans des plans tactiques.

FICHE 28

Rédiger le plan tactique

Bilan des années précédentes
Points forts et points faibles de l'année précédente Points à améliorer
Résultats attendus sur l'année (données qualitatives et quantitatives)
Organisation : xxxxxxxx Marketing : xxxxxxxx Commercial : xxxxxxxx Finances : xxxxxxxx Production : xxxxxxxx
Évaluation des ressources humaines nécessaires pour atteindre les résultats
Ressources humaines Ressources matérielles Ressources financières
Gains estimés sur l'année
Gains détaillés : Gains globaux :

Comment remplir cette fiche ?

- Déclinez le projet d'entreprise en plan tactique annuel. Il s'agit d'arriver à un niveau de détail plus fin dans les projets qui se dérouleront dans l'année.

- Indiquez les résultats attendus et pilotables (donc chiffrés pour chaque rubrique).

- Consolidez les ressources nécessaires à la réalisation des projets et des objectifs et prévoyez un plan de déblocage des ressources financières (trésorerie du plan tactique).

- Faites-vous aider par les managers pour rédiger le plan tactique ; au besoin, déclinez le plan tactique par manager si l'entreprise est de très grande taille.

- Estimez les gains financiers et qualitatifs à obtenir dans le cadre du plan tactique et communiquez sur ces gains.

FICHE 29

Animer les réunions de pilotage

Date : Lieu : Heure :	Réunion de pilotage de :		Participants :
Thèmes prévus	**Temps prévu**	**Décisions prises, actions à entreprendre, dates d'échéance**	**Qui fait quoi**
Prochaine réunion : Date/Lieu/Heure :	Thèmes à aborder :		

Comment remplir cette fiche ?

— Planifiez toutes les réunions à l'avance pour toute l'année. Ne repoussez pas ces dates : elles doivent rester prioritaires coûte que coûte si vous voulez tenir la distance et pouvoir contrôler l'avancement des objectifs.

— Faites circuler le conducteur de réunion quelques jours avant afin que chacun indique les thèmes à aborder et le temps que cela prendra.

— Indiquez les décisions prises ou les validations en temps réel pendant la réunion et diffusez immédiatement le compte-rendu.

— Faites des réunions courtes et profitez-en pour déjeuner avec tous les managers (moment de convivialité et d'échanges plus libres).

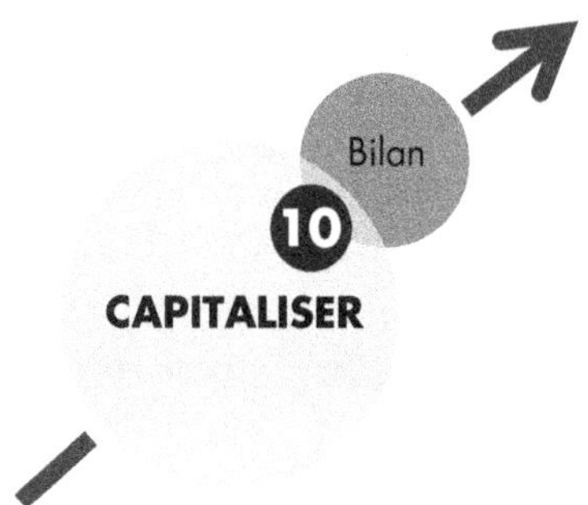

Les actions à mener

- Faire le bilan de chaque année.
- Faire le bilan global.
- Définir les actions correctives.
- Organiser une manifestation.
- Écrire la nouvelle vision.

Prononcer le mot de la fin, c'est adopter une dynamique de recommencement. C'est aussi savoir tirer les enseignements de ses expériences pour progresser et se redynamiser. C'est surtout prendre plaisir à avoir relevé certains défis.

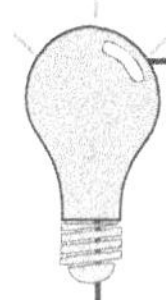

Faire le bilan de chaque année

Organisez une réunion de bilan à l'issue de chaque plan tactique.

Analysez les points forts et les points faibles de chaque année.

Puis organisez une réunion avec tous les collaborateurs pour leur faire part des résultats.

Faire le bilan global

Préparez avec soin tous les trois ans le bilan global du projet d'entreprise.

Préparez votre discours d'ouverture et de clôture.

Faites participer les managers à ce bilan, ainsi que certains collaborateurs ayant particulièrement contribué à la réussite du projet d'entreprise.

Ne monopolisez pas la parole, mettez les collaborateurs sur le devant de la scène.

Définir les actions correctives

Dressez une liste exhaustive de tout ce qui devra être amélioré dans le prochain projet d'entreprise.

Pensez aussi aux améliorations en termes de méthodes, de périodicité de pilotage et de modes de management

Variez d'un projet à l'autre les modes de communication pour ne pas provoquer une routine soporifique.

Organiser une manifestation

Organisez une manifestation à la hauteur de la réussite du projet d'entreprise.

Remerciez en public les principaux contributeurs sans être politique, en incluant tout le monde, y compris ceux qui n'ont pas atteint les objectifs.

Identifiez précisément avec les managers ceux qui méritent des primes exceptionnelles.

Ne communiquez pas nécessairement en public sur ces primes.

Écrire la nouvelle vision

Réécrivez tout de suite une première version de la vision.

Faire le bilan du projet d'entreprise   **FICHE 30**

Projet d'entreprise An x à An y		Éléments analysés	Pourquoi	Ce qu'il aurait fallu faire
	Ce qui a bien marché **+**			
	Ce qu'il faudrait améliorer **—**			

Comment remplir cette fiche ?

— Retracez l'historique de chaque moment fort du plan sans occulter les moments difficiles.

— Préparez la réunion de bilan en communiquant en premier lieu sur l'historique.

— Désamorcez dès le début les éventuels conflits afin que la réunion soit constructive. Il ne s'agit pas de revenir sur le passé, mais de capitaliser sur l'avenir.

— Analysez le projet d'entreprise année par année et en recourant aux bilans des plans tactiques.

— Faites votre autocritique si nécessaire, pour encourager une analyse plus personnelle des managers.

— Clôturez le bilan par une manifestation incluant tout le monde afin de communiquer le résultat des réflexions et de réaliser ainsi une capitalisation directe.

Les principes clés à retenir

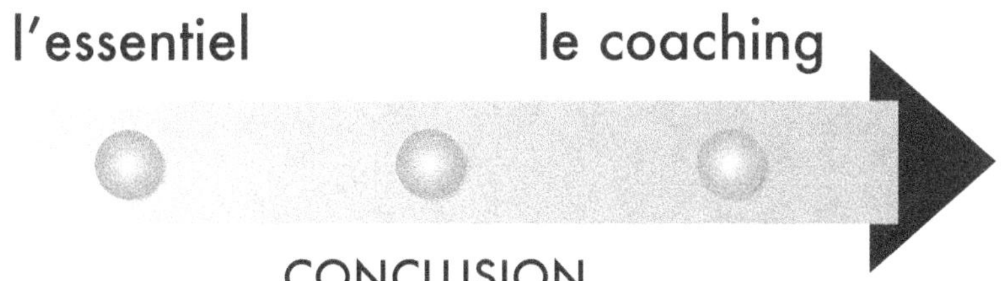

Le projet d'entreprise

Commençons par nous pencher sur la matrice du document « Projet d'entreprise ». Elle constitue l'un des éléments essentiels de la démarche, car elle concrétise celle-ci dans sa globalité à travers les étapes 1 à 8 de la méthode.

Si ce document « Projet d'entreprise » est le fruit d'un travail commun entre le dirigeant et son comité de direction ou les managers proches, sa rédaction relève du dirigeant, quand bien même il aurait été accompagné par un consultant. Sa « patte » doit absolument figurer dans le document, qui doit rester synthétique pour être lu et compris de tous – dans l'idéal de tous les collaborateurs.

Si vous avez les moyens, n'hésitez pas à en extraire les points essentiels et à créer en appui du document central une plaquette de présentation reprenant les points essentiels et valorisant le travail accompli. Attention : ceci ne signifie pas que le document complet devienne optionnel. On risquerait sinon de faire un travail politiquement correct et esthétique, mais non opérationnel.

Voici le contenu du document « Projet d'entreprise ».

Page 1 - Présentation du document, de son historique et des objectifs généraux

Année x - Année x+3	Nom de la structure - Projet d'entreprise	V0
Objet du document	Ce document a pour objet d'expliquer la stratégie que la société x se propose d'adopter pour l'année x à l'année x+3. Il décrit l'ensemble des objectifs généraux à mettre en œuvre pendant la période du plan. Ce document est complété par un certain nombre de volets qui sont la déclinaison du plan stratégique en plans d'actions notamment sur les volets Organisation, Finances, Marketing, Commercial.	
Rappel des étapes préalables	Les étapes préalables à l'écriture de ce document sont : • xxx • xxx • xxx • xxx • xxx • xxx • xxx	
Objectif général du plan	La société X se fixe les objectifs d'être une structure répondant aux critères suivants : • xxx • xxx • xxx • xxx • xxx • xxx	

Page 2 - L'entreprise dans trois ans, les objectifs liés aux produits et services

Année x - Année x+3	Nom de la structure - Projet d'entreprise	VO
	À ce titre, le plan doit permettre de construire une entreprise répondant aux critères quantitatifs suivants à l'horizon (date de fin du plan) : • xxx • xxx • xxx • xxx • xxx • xxx • xxx • xxx • xxx • xxx • xxx	
Stratégie produits et services	Les produits et services gravitent autour de x grands domaines : • xxx • xxx • xxx • xxx • xxx • xxx • xxx • xxx • xxx • xxx	

voir plan marketing-commercial ci-joint

Page 3 - Les objectifs liés au marketing et au commercial

Année x - Année x+3	Nom de la structure - Projet d'entreprise	VO
Stratégie marketing	Le marketing repose sur les éléments suivants : • xxx • xxx • xxx • xxx • xxx • xxx • xxx voir plan marketing-commercial ci-joint	
Stratégie commerciale	Le commercial repose sur : • xxx • xxx • xxx • xxx • xxx • xxx • xxx voir plan marketing-commercial ci-joint	

Page 4 - Les objectifs liés à l'organisation et aux finances

Année x - Année x+3	Nom de la structure - Projet d'entreprise	VO
Stratégie organisationnelle	L'organisation repose sur : • xxx • xxx • xxx • xxx • xxx • xxx • xxx voir plan marketing-commercial ci-joint	
Stratégie financière	Les objectifs financiers sont les suivants : • xxx • xxx • xxx • xxx • xxx • xxx • xxx voir plan marketing-commercial ci-joint	

Page 5 - Détail de l'organisation et du marketing/commercial

Année x - Année x+3	Nom de la structure - Projet d'entreprise	VO
Plan organisation • Les fonctions sont les suivantes : • L'organigramme est le suivant : • Les principaux processus : • Le système de management : • Le système de motivation : • Le système de relations :		
Pan marketing - commercial • Liste des produits et services existants : • Liste des produits et services à améliorer : • Liste des produits et services à créer : • Planning des produits et services : • Liste des actions commerciales : • Planification des actions commerciales :		

Page 6 - Détail des finances et liste des projets

Année x - Année x+3	Nom de la structure - Projet d'entreprise	V0

Plan financier

* CA de chaque année :

* Marge de chaque année :

* Investissements :

* Coût des projets de développement :

* Tableau de trésorerie :

Projets de développement (*cf.* notes de cadrage des projets)

* But du projet 1

* But du projet 2

* But du projet 3

* But du projet 4

* But du projet 5

* But du projet 6

* But du projet 7

Les principes essentiels

Si la méthode proposée ici est décrite de manière linéaire, il serait réducteur de penser qu'elle puisse être mise en œuvre de cette façon. En effet, vous aurez peut-être déjà commencé à réfléchir aux objectifs avant d'avoir rédigé la vision, ou déjà mené une étude de marché avant de vous lancer dans l'analyse stratégique, ou encore obtenu des financements avant d'avoir construit en détail des projets…

Ce qui importe est que tous les points soient abordés de manière exhaustive, puis que toutes les composantes de l'analyse et du diagnostic soient reliées entre elles. Si cela est très difficile à faire, c'est aussi ce qui fait la différence entre une mauvaise et une bonne analyse stratégique.

La méthode compte deux principales boucles de rétroaction.

La première est la révision de la vision en fonction des objectifs et inversement. En effet, le lien s'avère étroit, puisque les objectifs déclinent la vision de façon opérationnelle ; ils « qualifient la vision » afin de la rendre pilotable. Si ces objectifs sont co-construits avec les managers, cette boucle gagnera en importance, car elle donnera lieu à des négociations. C'est d'ailleurs souhaitable, car les objectifs co-construits sont bien plus impliquants pour les managers que des objectifs imposés — peut-on d'ailleurs parler d'objectifs lorsque les données du problème sont imposées ?

La seconde boucle vient après le diagnostic. En effet, ce dernier permet de se rendre compte du décalage entre l'envie de lancer des projets et la capacité réelle de l'entreprise à le faire. Après le diagnostic, il faut donc revenir sur la vision et les objectifs afin de les ajuster à l'aide des éléments analysés.

La capacité à raisonner de façon systémique n'est pas donnée à tous. C'est difficile pour les personnes analytiques qui souhaitent entrer de suite dans les détails pour chaque thématique de la méthode.

Si le périmètre d'analyse est très large (grande entreprise, niveau de complexité important, etc.), décomposez d'abord votre analyse en lots. Un lot désigne un centre de profit qui peut être considéré comme autonome dans sa gestion. Il aura donc son propre « projet d'entreprise ». Il faudra ainsi consolider les différents projets d'entreprise pour construire le projet d'entreprise global.

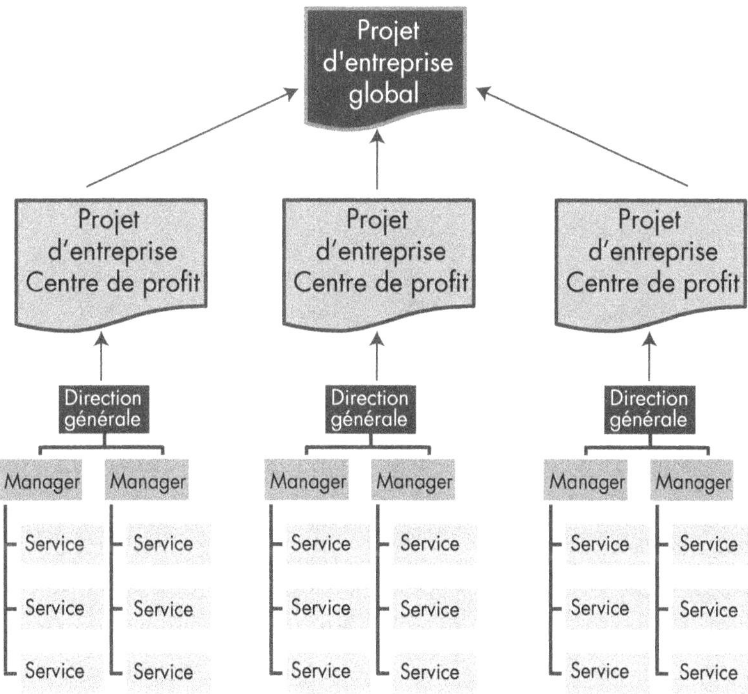

Le travail de consolidation n'est pas nécessairement facile à mener. Tout dépend de la façon dont sont construits les centres de profit. Mais cela présente l'avantage de ramener la vision à une échelle plus pragmatique, à taille humaine. C'est donc plus mobilisant, car plus proche de la préoccupation des collaborateurs. Cependant, la division du projet d'entreprise posera des problèmes de consolidation en phase de pilotage.

Si l'on dispose de trop d'étages de données, on passe plus de temps à consolider qu'à décider, ce qui rend le système amorphe. Cela ne peut fonctionner que grâce à un reporting très rigoureux et des tableaux de bord très homogènes.

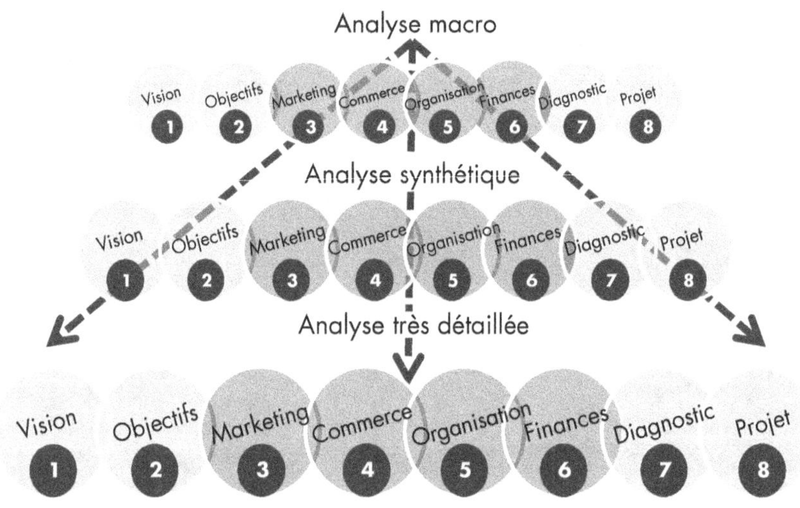

Une autre façon de procéder consiste à réaliser l'analyse d'abord de manière très macroscopique (par exemple avec la méthode rapide proposée dans ce livre), puis synthétiquement (par exemple avec la méthode approfondie proposée dans ce livre), enfin en détail en demandant à des spécialistes de chaque domaine (marketing, organisation, commercial, finances) d'étudier en profondeur chaque thématique, le tout coordonné par vous ou par un consultant en stratégie.

La personnalisation des outils

Les outils peuvent paraître simplistes à certains (les spécialistes de chaque domaine) et complexes à d'autre (ceux qui n'ont jamais déroulé ce type de démarche). Les outils ne sont finalement pas très importants : c'est la démarche qui est essentielle. Les outils ne servent qu'à réfléchir, à essayer de penser autrement, à ne rien oublier. Si un outil ne vous convient pas ou vous bloque, choisissez-en un autre ou construisez votre propre outil, ou encore personnalisez les outils existants. Vous trouverez dans de nombreux ouvrages ou sur Internet les moyens de compléter la boîte à outils.

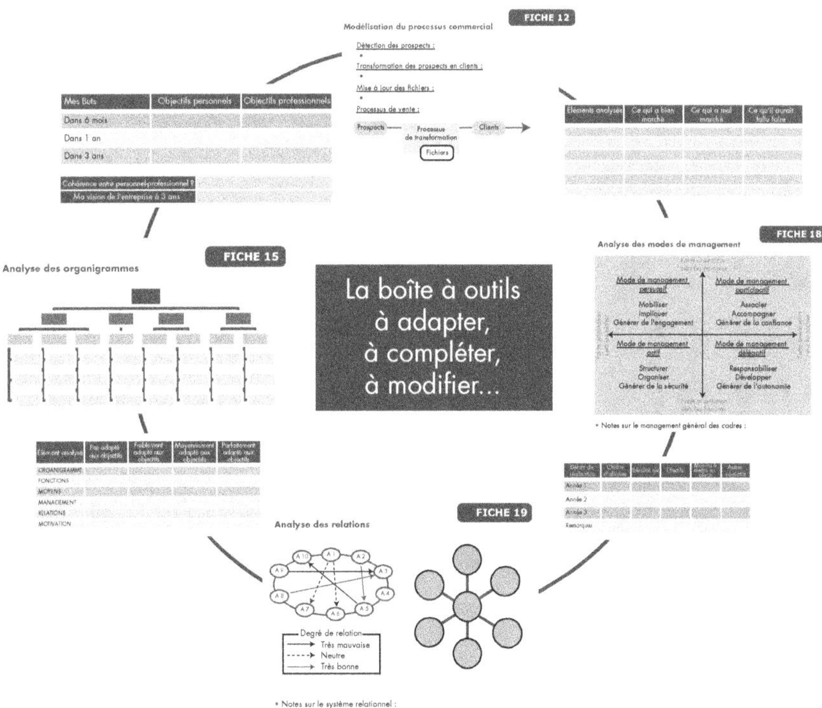

L'important est de ne pas se perdre dans les détails et de s'assurer que toutes les thématiques sont abordées avec un niveau de maille suffisant (au moins au niveau de l'analyse synthétique et de l'analyse macro) afin de faire un diagnostic systémique.

Dans chaque thématique, la même démarche

Les grandes thématiques (marketing, commercial, finances, organisation, etc.) — ou toute autre que l'on peut ajouter en fonction du découpage de l'entreprise — doivent être abordées de la même manière dans l'analyse : *via* une démarche de type « down-top-down ».

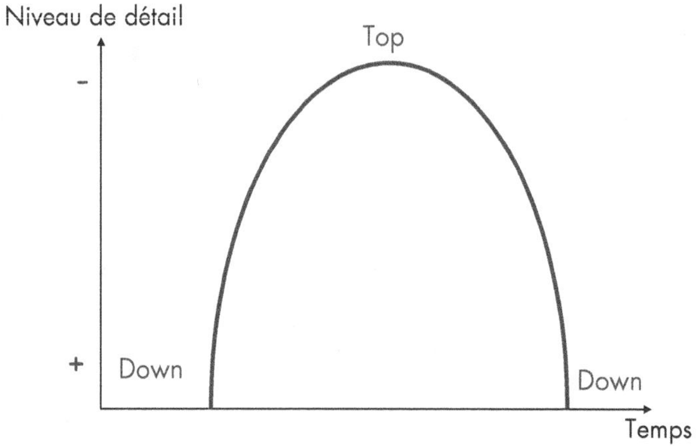

La démarche se déroule ainsi :

- analyse de l'existant ;
- identification des points forts et des points faibles ;
- diagnostic ;
- identification des axes d'amélioration ;
- construction des projets pour chaque axe d'amélioration.

Les outils doivent donc s'appuyer sur cette démarche, valable pour chaque thématique. On pourrait représenter la méthode globale de la manière suivante :

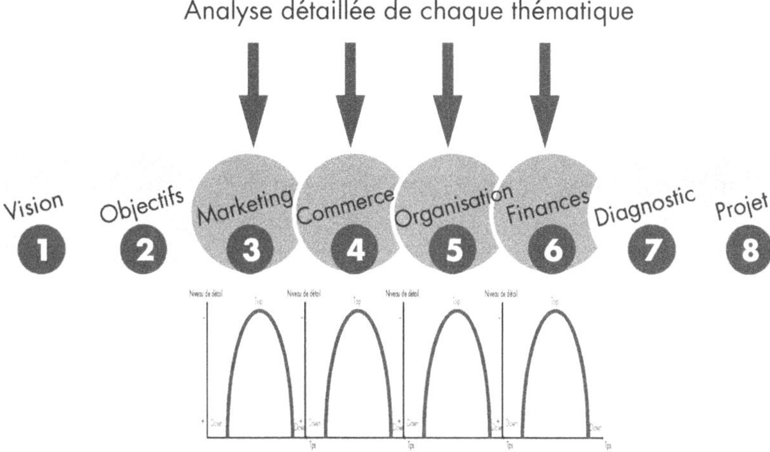

Cette façon de procéder permet de comprendre que chaque thématique peut être approfondie à souhait et en fonction des besoins de l'entreprise, tout en conservant la même approche. Finalement, ce sont les outils qui diffèrent à chaque fois. En procédant ainsi, l'ensemble des solutions trouvées dans chaque thématique permet de constituer la liste des projets à lancer dans le cadre du projet d'entreprise.

L'organisation comme base de la pérennité

Même si pour certains, il s'agit d'évidences, rappelons certains points essentiels.

Une entreprise qui n'a pas de clients ne pourra pas vivre.

Une entreprise dont les finances sont mal gérées n'est pas viable.

Une entreprise dont l'image est brouillée aura du mal à se développer.

Une entreprise dont les produits et les services ne sont pas renouvelés ou améliorés s'éteindra progressivement.

Surtout, une entreprise dont les fondations ne sont pas correctement construites ne pourra pas se développer. Quand bien même son chiffre d'affaires grandirait, elle court à sa perte.

Les fondations sont constituées par l'organisation, elle-même divisée en deux parties : les structures et les hommes.

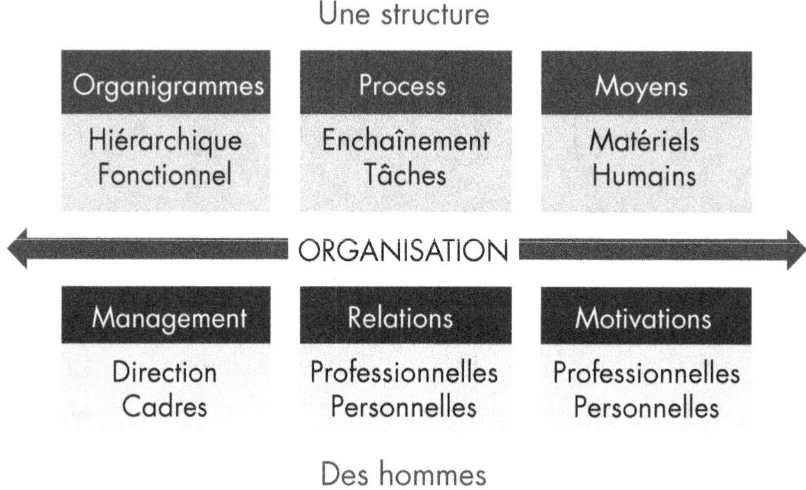

Ce sont ces fondations qui assurent la pérennité de l'entreprise et la rendent durable.

Voici quelques questions essentielles que l'on peut se poser sur les « fondations » de son entreprise.

Organigramme

- Est-il clair ?
- Est-il connu ?
- L'organigramme fonctionnel et l'organigramme hiérarchique sont-ils cohérents ?

Assurez-vous de la bonne lisibilité de l'organigramme. Les rôles et les pouvoirs de chacun doivent être bien définis, les champs de responsabilité bien délimités et communiqués à tous…

Process

* Les processus spécifiques au métier sont-ils modélisés ?
* Les processus spécifiques au métier sont-ils optimisés ?
* Les processus fonctionnels sont-ils simplifiés afin d'être applicables sur le terrain ?

Vérifiez que le métier de l'entreprise est bien identifié, ainsi que la valeur ajoutée apportée à ce métier. C'est sur ce volet que les process doivent être optimisés…

Moyens

* Les moyens matériels sont-ils adaptés ?
* Les moyens humains sont-ils suffisants en quantité ?
* Les moyens humains sont-ils suffisants en qualité ?

Vérifiez que les moyens sont adaptés au plus juste, ni trop, ni trop peu, avec une planification adéquate à déployer au fur et à mesure du développement…

Management

* Le mode de management général est-il identifié ?
* Le mode de management général est-il adapté au métier ?
* Le mode de management général est-il cohérent avec les valeurs ?

Optez pour un mode de management qui repose sur une adéquation entre les valeurs, le métier et la culture…

Relations

* Les relations professionnelles sont-elles fluides ?

- L'ambiance de travail est-elle agréable ?
- Le système relationnel est-il cohérent avec le métier ?

Pensez que l'efficacité naît d'un juste équilibre entre l'organisation optimale du travail et le temps pour assurer de bonnes relations entre les personnes dans l'entreprise.

Motivations

- Les facteurs de motivation sont-ils connus ?
- Les récompenses sont-elles cohérentes avec le système de motivation ?
- Le système de motivation est-il pérenne ?

Reconnaissez et récompensez le travail de chacun afin de maintenir le niveau de motivation nécessaire à l'atteinte des objectifs.

Une entreprise **durable et équitable** est celle dont l'organisation est adaptée aux objectifs (côté **durable**) et qui fonctionne dans le respect des valeurs humaines et la transparence (côté **équitable**).

Je suis durable, car j'assure les fondations de ce que je construis et développe.

Je suis équitable, car je dis ce que je vais faire en toute transparence et le fais avec ceux qui acceptent d'adhérer aux objectifs.

Comment se faire accompagner pour réaliser son projet d'entreprise ?

Des raisons évidentes

Il semble particulièrement difficile de réaliser soi-même ce travail d'analyse pour la première fois sans accompagnement, pour les raisons suivantes :

- manque de recul par rapport à certaines thématiques de l'analyse ;
- tendance à aller trop loin dans le détail de certains thèmes chers au chef d'entreprise ;
- difficulté à mener un vrai diagnostic ;
- limitation dans la comparaison avec d'autres entreprises ;
- temps nécessaire pour mener cette tâche à bien ;
- capacité rédactionnelle ;
- technicité pour mettre en œuvre certains outils ;
- manque de « miroir » ;
- manque de reformulation.

Naturellement, il peut sembler quelque peu partisan de vous proposer un accompagnement par un consultant, alors que je tire moi-même les bénéfices de ce type de travail… Rassurez-vous : cet ouvrage ne vise pas à vendre des prestations, mais bien à vous accompagner. En outre, il ne s'agit pas d'un accompagnement nécessairement lourd sur le plan financier. Ainsi, une analyse complète aboutissant à la rédaction d'un projet d'entreprise dans une structure de cinquante personnes représente environ cinq jours de travail pour le dirigeant et cinq jours pour le consultant, sachant que cette durée implique aussi du travail mené en commun. Or, qu'est-ce que cinq jours d'investissement financier ou temporel pour construire l'avenir de l'entreprise ?

Comment choisir ?

Comment choisir le consultant qui vous accompagnera ? C'est assez simple finalement :

- Assurez-vous qu'il a déjà dirigé une entreprise ou un centre de profit.
- Vérifiez qu'il utilise une méthode et des outils.
- Assurez-vous de ressentir un bon « feeling » avec lui (quelles sont vos sensations *a priori* ?).

- Demandez-lui s'il a lui-même mené une réflexion de ce type pour sa propre structure.
- Demandez l'avis de chefs d'entreprise qui ont travaillé avec lui.
- Assurez-vous qu'il s'exprime de façon pragmatique et claire.

Au final, c'est vous qui avez les clés et lui qui détient la méthode et les éléments catalyseurs de votre réflexion. Sans être un « psy », il doit faire preuve d'une excellente écoute, ce qui est assurément l'essentiel ! Il ne vous reste plus qu'à passer à l'action…

Les étapes de développement pour atteindre maturité et durabilité

Rome ne s'est pas faite en un jour… Afin de se construire, l'entreprise doit franchir un certain nombre d'étapes, qui vont lui permettre, *via* des crises, d'atteindre la maturité. Il s'agit des phases et des crises suivantes :

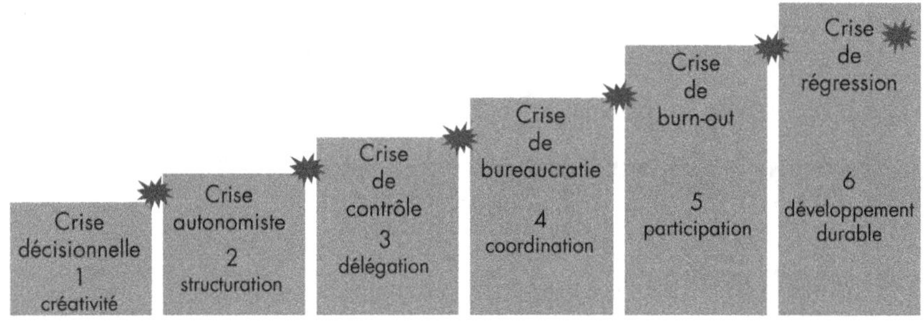

Créativité

L'entreprise vient d'être créée, généralement par un expert du métier. Un produit nouveau ou concurrentiel naît sur le marché. S'il est bon, le développement de l'entreprise est rapide et le chiffre suit. Cependant, il faut se structurer, convaincre des partenaires financiers. Les décisions ne se prennent plus « comme avant », certains créateurs quittent le navire. On entre alors en **crise décisionnelle.**

Structuration

L'organigramme est mis en place et devient l'outil de management officiel. Le pouvoir se situe en haut de l'organigramme et des strates intermédiaires sont créées. Cependant, les collaborateurs n'y trouvent plus leur compte. Ils n'ont plus accès aux dirigeants « comme avant », la structure devient plus difficile à manager, la démotivation gagne du terrain. On entre alors en **crise autonomiste**.

Délégation

On délègue pour remotiver. On redonne du pouvoir aux experts. On introduit des systèmes de rémunération sur objectifs. Cependant, on constate un manque de cohérence entre les centres de profit. L'autonomie entraîne un déficit de stratégie. L'entreprise manque de cohérence. On entre alors en **crise de contrôle**.

Coordination

Il faut mettre en place des systèmes transversaux de vérification de cohérence *via* des tableaux de bord. Les fonctions support sont regroupées. Cependant, on constate de la complexité entre les systèmes hiérarchiques et fonctionnels. Il existe trop de procédures. La collaboration entre les services et les directions s'amoindrit. On entre alors en **crise de bureaucratie**.

Participation

On responsabilise. On forme au management de projet et au management d'équipe. Les projets se multiplient et le travail est très prenant. Cependant, les relations au travail se complexifient. Chacun travaille sur plusieurs projets. Les moments de répit se font rares. On entre alors en **crise de burn-out**.

Développement durable

L'entreprise a atteint sa maturité : une vraie gestion des ressources humaines est mise en place ; l'image et les valeurs sont claires et partagées. Cependant, on s'endort sur ses lauriers. Les dirigeants cèdent à l'autosatisfaction. Les menaces extérieures sont ignorées et l'entreprise redescend de plusieurs niveaux. On entre alors en **crise de pré-régression**.

Eh oui… Tout n'est qu'un éternel recommencement… Rien ne se perd, rien ne se crée et tout se transforme. L'entreprise est un système vivant, voire biologique, tant la « matière humaine » y est influente. La compréhension des différents mécanismes nous rend plus humbles, moins ambitieux, moins avides, plus écologiques dans nos comportements…

La plupart des managers se réfugient dans des modélisations, tableaux de bord, graphiques, etc., qui les rassurent… Ces modélisations leur donnent une vision très réductrice de la réalité : ils confondent le modèle et le monde réel. Certains médecins voient le patient à travers des outils d'analyse et fuient la vraie relation. Ils projettent en fait leurs propres peurs dans cette relation… Il semble parfois qu'il serait plus efficace de parler avec le patient, de l'écouter pour le guérir. En prenant le problème à sa source (souvent psychologique), on guérit durablement le mal.

Le dirigeant devrait considérer son entreprise comme un organisme vivant qu'il faut écouter, sentir, aimer, car il est fait d'hommes et de femmes. Cette approche plus systémique, plus humaine, plus durable, nécessite de l'attention, mais aussi de ne plus considérer l'entreprise comme une « usine à bénéfices »… Est-ce un leurre ? On a bien le droit de rêver !

Index

O

objectif opérationnel 45, 89

organigramme 67, 106, 148

organisation 18, 46, 67, 105, 139, 147

P

participation 153

petite entreprise 25

pilotage 37, 43

plan marketing et commercial 73, 123

plan organisationnel et financier 73, 123

plan stratégique 30

plan tactique 75, 127

  annuel 33

process 149

produit 45, 63, 93, 137

progression 71, 118

projet 19

projet d'entreprise 26, 73, 122

prospection 65, 100

R

relations 149

ressources 27

retour sur investissement 114

RSE 12

S

schéma directeur 30

service 45, 63, 93, 137

sociogramme 106

sous-traitant 100

structuration 153

système 17

système entreprise 87

T

tableau de bord de pilotage 75, 127

tableau de répartition des tâches 108

V

vache à lait 97

valeur 87, 104, 112

vedette 97

vente 65, 100

vision 27, 44, 59, 61, 73, 77, 83, 118, 123, 131

Hugues MARCHAT est fondateur et dirigeant du cabinet Allience.
Il accompagne les entreprises, depuis plus de 15 ans, dans les domaines de la stratégie, la conduite de projet et l'organisation : notamment, Ed-Groupe Carrefour, Veolia Environnement, CNP, BNP, Peugeot, Alain Ducasse Entreprises, Auchan, Banques Poulaires, 3M, Crédit Lyonnais, L'Oréal, Mercedes. Il accompagne, également, les collectivités territoriales ou locales dans leur développement ; ainsi, il a travaillé sur des projets politiques de chambres consulaires et sur la préparation de la RGPP.

Il travaille, par ailleurs, sur les projets d'établissement de nombreux hôpitaux et sur la mise en œuvre de ces projets.

Enfin, il accompagne de nombreuses PME et TPE, notamment dans l'ouest de la France, dans leur développement. À ce titre, il effectue un accompagnement personnalisé du chef d'entreprise tout au long du processus de construction et de mise en œuvre de sa stratégie.

Il organise pour les entreprises des formations sur mesure et mène des missions de conseil dans les domaines suivants : stratégie ; conduite de projets ; organisation ; ressources humaines.

Le cabinet ALLIENCE est constitué de consultants, tous séniors, ayant une grande expérience de terrain, et qui partagent leur temps entre le conseil et la formation. Les consultants Allience transmettent leur savoir-faire dans différentes institutions comme le CNAM, les universités, les écoles supérieures de commerce ainsi que l'École centrale.

Allience, le partenaire de votre développement

www.allience.fr

Dépôt légal : Avril 2010

Imprimé en Allemagne par BoD

www.ingramcontent.com/pod-product-compliance
Lightning Source LLC
LaVergne TN
LVHW020130060726
842526LV00004B/1351